Grüne Smoothies Rezepte

150 leckere und nährstoffreiche Detox Rezepte zum Abnehmen, entgiften und für mehr Energie im Alltag!

Gesundes Saftfasten inkl 3 Saftkur Pläne für je 5 Tage + Nährwertangaben

2. Auflage

ISBN: 9798710853856

Inhaltsverzeichnis

Was sind grüne Smoothies?

Ganz allgemein sind grüne Smoothies Getränke, die aus Obst und grünem Gemüse gemixt werden. Aufgrund der zahlreichen Vitamine und Nährstoffe bilden sie eine gute Grundlage für eine gesunde Ernährungsweise und können auch beim Abnehmen helfen. Außerdem sind sie sehr gut für Leute geeignet, die Salat oder anderes grünes Gemüse nicht gern in herkömmlicher Form essen, jedoch nicht darauf verzichten wollen. Auch für Menschen mit gesundheitlichen Problemen sind grüne Smoothies aufgrund ihrer sehr gesunden Inhaltsstoffe gut geeignet. Nur eine kleine „Vorwarnung“: Zu Beginn ist es ratsam, etwas weniger grünes Gemüse und dafür mehr Obst zu verwenden, da der Geschmack anfangs etwas gewöhnungsbedürftig sein kann.

Erfunden wurde der grüne Smoothie erst 2004 von der Russin Victoria Boutenko, sozusagen aus der Not heraus. Sie und ihre Familie litten an den verschiedensten Gebrechen. Die Ärzte sagten, dass sie wohl einfach lernen müssten, damit zu leben. Victoria wollte sich nicht damit abfinden und kam schließlich dahinter, dass es etwas mit ihrer Ernährung zu tun haben könnte. Interessanterweise sind die grünen Smoothies von der Ernährungsweise der Schimpansen inspiriert. Boutenko beobachtete, dass diese sehr viel grünes Blattgemüse mit Obst fressen und war fasziniert vom Abwechslungsreichtum ihrer Nahrung. Menschen würden zwar auch viel Gemüse essen, allerdings eher vitalstoffarme Kultursalate. Schimpansen hingegen würden verschiedene Wildpflanzen bevorzugen, die sehr reich an Mikronährstoffen sind. So stand Boutenko nur noch vor einem Problem: Blattgemüse muss sehr ausgiebig gekaut werden. Um dieses Problem zu umgehen, pürierte sie es zusammen mit Wasser und Obst. Damit war der grüne Smoothie geboren.

Bestandteile des grünen Smoothies

In seiner Grundform besteht der grüne Smoothie zunächst aus 50 % grünem Gemüse und 50 % Obst. Dazu kommt noch Wasser, und anschließend wird alles fein püriert.

Diese Komponenten können jedoch noch um verschiedenste Zutaten bereichert werden: Milch, Joghurt, Nüsse, verschiedene Superfoods – die Liste ist lang. Es kann nahezu alles mitpüriert werden, was das Herz begehrt, solange der Smoothie dadurch nicht seine grüne Farbe verliert. Anstelle von Wasser können verschiedene (pflanzliche) Milchsorten oder auch Säfte verwendet werden. Oder Sie nehmen fettarme Joghurtsorten. Für die grüne Komponente gibt es viele Möglichkeiten: verschiedene Salatsorten wie Rucola, Endiviensalat, Römersalat oder Feldsalat, Gurke, Zucchini, Kohlsorten, Brokkoli, Spinat, Sellerie, das Grün von Wurzelgemüse oder auch verschiedene Kräuter wie Minze, Schnittlauch oder Löwenzahn. Hierbei lautet die Devise: je grüner das Gemüse, desto mehr Chlorophyll ist enthalten. Chlorophyll ist der grüne Blattfarbstoff, der basisch ist und entzündungshemmend wirkt. Er unterstützt die Entgiftung des Körpers.

Auch bei der Wahl des Obstes sind keine Grenzen gesetzt. Hierbei muss man darauf achten, nur wirklich reifes Obst zu verwenden. Je reifer es ist, desto süßer wird der Smoothie und desto besser verdaulich. Unreife Früchte werden oft sauer verstoffwechselt, was dem Körper nicht guttut. Außerdem sollte das Obst nicht in zu großen Mengen verwendet werden, damit die grüne Farbe des Smoothies erhalten bleibt. Das Obst gibt dem Smoothie die nötigen Vitamine, während der grüne Anteil zwar auch für eine gute Vitaminzufuhr sorgt, aber vor allem enthält er eine Vielzahl von Mineralstoffen und sekundären Pflanzenstoffen. Hat man sich für die Zutaten entschieden, muss nur noch alles püriert werden.

Vorteile grüner Smoothies

- Grüne Smoothies sind aufgrund ihrer vielen Mineralstoffe, Vitamine, Ballaststoffe und der ganzen Fülle an Pflanzengrün eine sehr gesunde Mahlzeit.

- Sie sind sehr schnell zubereitet, da alle Zutaten nur in den Mixer gegeben werden müssen.

- Sie machen nach dem Essen nicht träge oder müde, da der Körper kaum Energie aufwenden muss, um die Inhaltsstoffe zu verdauen.

- Sie spenden viel Energie.

- Sie können beim Abnehmen helfen, da sie sehr ballaststoffreich sind und somit lange sättigen.

- Sie sind ideal für unterwegs, da sie überall getrunken werden können.

- Sie sind sehr gut bekömmlich, da man nicht kauen muss und der Mixer alles vorpüriert, was eventuell zäh sein könnte.

- Sie sind basisch und bringen somit den Säure-Base-Haushalt des Körpers ins Gleichgewicht, denn dieser ist bei den meisten Menschen durch zu viel Zucker und tierisches Eiweiß übersäuert.

- Sie sind sehr vital- und nährstoffreich, da vor allem im Pflanzengrün Vitamine und Minerale in höchster Konzentration enthalten sind.

- Grüne Smoothies sind sehr variabel im Geschmack, weil man viele verschiedene Zutaten kombinieren kann.

Der richtige Mixer

Dieser Punkt mag zunächst sehr banal klingen, doch auch hier gibt es so einiges zu beachten, wenn Sie wollen, dass die Smoothies gelingen. Mixer können sehr teuer sein. Für die Zubereitung der Smoothies muss es nicht sofort ein High-End-Gerät für mehrere Hundert Euro sein, jedoch sollte hier auch nicht am falschen Ende gespart werden.

Prinzipiell können sie einen Pürierstab verwenden. Das Problem bei diesem Gerät ist nur, dass die Messer meist sehr klein sind und die Menge der Zutaten nicht bewältigen können. Darunter leidet dann neben dem Geschmack auch die Konsistenz des Smoothies. Ist die Belastung für den Pürierstab zu hoch, erhöht sich die Temperatur der Smoothies, was zur Folge hat, dass der Geschmack sich verschlechtert und für die Verdauung wichtige Enzyme zerstört werden.

Auch bei einem normalen Haushaltsmixer können Probleme auftreten. Diese haben ebenfalls oft kurze Messer. Unter der hohen Belastung, der sie durch das Zerkleinern der vielen Zutaten ausgesetzt sind, können sie schnell kaputtgehen. Bereiten Sie oft Smoothies zu, lohnt sich eine Investition in ein Hochleistungsgerät mit bis zu 30.000 Umdrehungen in der Minute. Das ist optimal für die Aufspaltung der Blattgrünfasern.

Da Sie nun alles über die Vorzüge und die Zubereitung von grünen Smoothies wissen, kann es losgehen. Scheuen Sie sich nicht vor vielleicht etwas ungewöhnlichen Kombinationen und haben Sie keine Angst vor dem grünen Gemüse. Durch das Obst bekommen die Smoothies die nötige Süße und durch weitere Zutaten einiges an Raffinesse. Aber auch hier gilt: Knausern Sie nicht bei den Zutaten. Verwenden Sie hochwertige und frische Produkte, um das Maximum an Geschmack herauszuholen. Und jetzt: An die Mixer, fertig, los!

Hinweis zu den Rezepten

Sie werden sich sicher fragen, warum unser Rezeptbuch keine bunten und ansprechenden Fotos beinhaltet. Fotos im Hochglanzformat sind mit hohen Druckkosten und Kosten für die Erstellung der Bilder verbunden. Sicherlich sehen sie schön aus und unterstreichen das Rezept auf besondere Art und Weise, doch verursachen sie hohe Kosten, die am Ende der Käufer tragen muss.

In unserem Buch finden Sie eine Vielzahl an tollen Rezepten, die sich einfach und mit wenigen Handgriffen zubereiten lassen. Ein Bild ist dafür normalerweise nicht notwendig. Wenn wir uns die Kosten für ein Buch mit Fotos anschauen, liegen wir schnell bei mehr als 20 – 50 €. Die meisten Kunden sind jedoch nicht bereit, für ein Buch so viel Geld zu bezahlen. Damit jeder trotzdem die tollen Rezepte für sich entdecken kann, haben wir daher auf teure Fotos verzichtet und können das Buch deutlich günstiger anbieten.

Viele Leser haben bestimmt auch schon festgestellt, dass die abgebildeten Fotos in den Büchern meist nur Beispielbilder sind. Sie stellen zwar ein ansprechendes Gericht dar, aber entsprechen meist nicht den angegebenen Rezepten. Wir möchten unsere Leser vor dieser Enttäuschung bewahren und haben zusätzlich aus dem Grund auf bunte Bilder verzichtet.

In unserem Grüne Smoothies Rezeptbuch finden Sie 150 der besten und leckersten Shakes. Gesund, nährstoffreich, kalorienarm und schnell zubereitet für jede Tageszeit! Mit den genauen Nährwertangaben und einfachen Zubereitungsschritten, ist jedes Gericht ganz einfach nachzumachen.

Am Ende des Buches finden Sie außerdem 3 verschiedene 5-Tage-Detox Pläne mit Rezepten aus diesem Buch. Ideal für Ihre Gesundheit!

Wir wünschen Ihnen guten Appetit!

Smoothies mit Avocado

1. Avocado-Schoko-Smoothie

Zutaten für 1 Portion:

- ¼ Avocado
- 1 TL Backkakao
- 50 ml Milch nach Wahl
- 80 g Banane
- 1 TL Honig

Nährwertangaben pro Portion:

- Kalorien: 180 kcal
- Kohlenhydrate: 11,6 g
- Fett: 5,9 g
- Eiweiß: 6,2 g

Zubereitungszeit: 5 Minuten

Zubereitung:

1. Avocado mit einem Messer teilen und Fruchtfleisch herauslösen. Banane schälen.
2. Alle Zutaten in einen Mixer geben und gut pürieren.
3. Den Smoothie in ein Glas gießen und servieren.

Tipp: Sie können den Honig optional auch durch Agavendicksaft ersetzen.

2. Avocado-Apfel-Smoothie

Zutaten für 1 Portion:

- ½ Avocado
- 50 g Joghurt
- 100 ml Mandelmilch
- 1 Apfel
- 1 EL Honig

Nährwertangaben pro Portion:

- Kalorien: 326 kcal
- Kohlenhydrate: 43,2 g
- Fett: 14,8 g
- Eiweiß: 5,4 g

Zubereitungszeit: 5 Minuten

Zubereitung:

1. Avocado mit einem Messer teilen und Fruchtfleisch herauslösen. Apfel waschen, entkernen und in Stücke schneiden.
2. Alle Zutaten in einen Standmixer geben und pürieren.
3. Den Smoothie in ein Glas gießen und mit einer Apfelspalte garnieren.

Tipp: Dieser Smoothie schmeckt besonders erfrischend, wenn Sie eine säuerliche Apfelsorte wie Granny Smith verwenden.

3. Avocolada-Smoothie

Zutaten für 1 Portion:

- ¼ Avocado
- 50 g Ananas
- 75 ml Kokoswasser
- etwas Limettensaft
- ½ TL Kokosöl
- 1 TL Agavendicksaft
- etwas Vanilleextrakt
- etwas Babyspinat

Nährwertangaben pro Portion:

- Kalorien: 178 kcal
- Kohlenhydrate: 23,9 g
- Fett: 8,2 g
- Eiweiß: 1,1 g

Zubereitungszeit: 10 Minuten

Zubereitung:

1. Avocado mit einem Messer teilen und Fruchtfleisch herauslösen. Ananas schälen und schneiden, großzügig von Rand und holzigem Innenteil entfernt. Spinat gründlich abwaschen.
2. Alle Zutaten in einen Standmixer geben und pürieren.
3. Den Smoothie in ein Glas gießen und mit einer Ananasscheibe garnieren.

Tipp: Falls Sie es etwas cremiger mögen, können Sie das Kokoswasser auch durch Kokosmilch ersetzen.

4. Avocado-Mandel-Smoothie

Zutaten für 1 Portion:

- ¼ Avocado
- 100 ml Mandelmilch
- 100 g Banane
- ½ TL Honig
- ½ TL Mandelmus
- Zimt nach Belieben
- gehackte Mandeln

Nährwertangaben pro Portion:

- Kalorien: 254 kcal
- Kohlenhydrate: 18,2 g
- Fett: 12,3 g
- Eiweiß: 7,7 g

Zubereitungszeit: 5 Minuten

Zubereitung:

1. Avocado mit einem Messer teilen und Fruchtfleisch herauslösen. Banane schälen.
2. Alle Zutaten in einen Standmixer geben und pürieren.
3. Den Smoothie in ein Glas gießen und mit einigen gehackten Mandeln garnieren.

Tipp: Sie können die Mandelanteile auch durch die gleiche Menge an Cashew ersetzen, also Cashewmilch, Cashewmus und gehackte Cashews verwenden.

5. Avocado-Minz-Smoothie

Zutaten für 1 Portion:

- ¼ Avocado
- 125 ml Kokosmilch
- einige Minzblätter
- 50 g Gurke
- 1 TL Honig
- 50 ml Zitronensaft
- Bananenscheibe zum Garnieren

Nährwertangaben pro Portion:

- Kalorien: 346 kcal
- Kohlenhydrate: 24,2 g
- Fett: 30,3 g
- Eiweiß: 5,2 g

Zubereitungszeit: 10 Minuten

Zubereitung:

1. Avocado mit einem Messer teilen und Fruchtfleisch herauslösen. Minzblätter waschen. Gurke waschen und schneiden.
2. Alle Zutaten in einen Standmixer geben und pürieren.
3. Den Smoothie in ein Glas gießen und mit einem Minzblatt und einer Bananenscheibe garnieren.

Tipp: Falls Sie Kokosmilch nicht mögen, können Sie diese auch durch die gleiche Menge an pflanzlicher Milch ersetzen.

Je mehr Minze Sie verwenden, desto dunkler wird der Smoothie.

6. Avocado-Gurken-Smoothie

Zutaten für 1 Portion:

- ½ Avocado
- 30 ml Zitronensaft
- 120 ml Mandelmilch
- 100 g Gurke

Nährwertangaben pro Portion:

- Kalorien: 175 kcal
- Kohlenhydrate: 13,7 g
- Fett: 12,7 g
- Eiweiß: 2,8 g

Zubereitungszeit: 5 Minuten

Zubereitung:

1. Avocado mit einem Messer teilen und Fruchtfleisch herauslösen. Gurke waschen und schneiden.
2. Alle Zutaten in einen Standmixer geben und pürieren.
3. Den Smoothie in ein Glas füllen und servieren.

Tipp: Auch wenn relativ viel Avocado in diesem Smoothie ist, sticht ihr Geschmack nicht zu sehr hervor, da sie ziemlich mild im Geschmack ist.

7. Avocado-Orangen-Smoothie

Zutaten für 1 Portion:

- ¼ Avocado
- 20 g Blattspinat
- Saft einer Orange
- etwas Minze
- ¼ Ananas

Nährwertangaben pro Portion:

- Kalorien: 135 kcal
- Kohlenhydrate: 18,7 g
- Fett: 5,8 g
- Eiweiß: 2,3 g

Zubereitungszeit: 15 Minuten

Zubereitung:

1. Avocado mit einem Messer teilen und Fruchtfleisch herauslösen. Spinat und Minze gründlich abwaschen. Ananas schälen und schneiden, großzügig von Rand und holzigem Innenteil entfernt.
2. Alle Zutaten in einen Standmixer geben und pürieren.
3. Den Smoothie in ein Glas füllen und servieren.

Tipp: Sie können den Orangensaft auch durch Zitronensaft ersetzen.

8. Smoothie mit Avocado und Banane

Zutaten für 1 Portion:

- ¼ Avocado
- ½ Apfel
- ½ Banane
- 25 g Blattspinat
- 200 ml Wasser
- 1 TL Chiasamen
- 1 EL Cashewkerne

Nährwertangaben pro Portion:

- Kalorien: 229 kcal
- Kohlenhydrate: 16,1 g
- Fett: 11,2 g
- Eiweiß: 8,7 g

Zubereitungszeit: 10 Minuten

Zubereitung:

1. Avocado mit einem Messer teilen und Fruchtfleisch herauslösen. Banane schälen. Apfel waschen, entkernen und in Stücke schneiden. Spinat gründlich abwaschen.
2. Alle Zutaten in einen Mixer geben und pürieren.
3. Den Smoothie in ein Glas gießen und servieren.

Tipp: Falls Sie den Smoothie etwas dickflüssiger mögen, können Sie auch eine ganze Banane verwenden und den Apfel weglassen.

9. Avocado-Pfirsich-Smoothie

Zutaten für 1 Portion:

- ¼ Avocado
- 2 Pfirsiche
- 1 Banane
- 45 g Spinat
- 250 ml Wasser

Nährwertangaben pro Portion:

- Kalorien: 250 kcal
- Kohlenhydrate: 50 g
- Fett: 6 g
- Eiweiß: 5 g

Zubereitungszeit: 15 Minuten

Zubereitung:

1. Avocado mit einem Messer teilen und Fruchtfleisch herauslösen. Pfirsiche waschen, entkernen und in Stücke schneiden. Banane schälen. Spinat gründlich abwaschen.
2. Alle Zutaten in einen Standmixer geben und pürieren.
3. Den Smoothie in ein Glas füllen und servieren.

Tipp: Sie können das Wasser auch durch die gleiche Menge an Milch ersetzen.

10. Avocado-Smoothie mit Feldsalat

Zutaten für 1 Portion:

- ¼ Avocado
- ½ Apfel
- ½ Orange
- ¼ Gurke
- 30 g Feldsalat
- 1 TL Sonnenblumenkerne
- 1 TL Leinsamen
- 50 ml Wasser

Nährwertangaben pro Portion:

- Kalorien: 223 kcal
- Kohlenhydrate: 21,1 g
- Fett: 13,2 g
- Eiweiß: 6,2 g

Zubereitungszeit: 15 Minuten

Zubereitung:

1. Avocado mit einem Messer teilen und Fruchtfleisch herauslösen. Apfel waschen, entkernen und in Stücke schneiden. Orange schälen und Stücke abtrennen. Gurke waschen und in Stücke schneiden. Feldsalat gründlich abwaschen.
2. Alle Zutaten in einen Standmixer geben und pürieren.
3. Den Smoothie in ein Glas gießen und mit einigen Leinsamen garnieren.

Tipp: Besonders gut schmeckt dieser Smoothie, wenn Sie Kokoswasser anstelle des Wassers verwenden.

11. Avocado-Blaubeer-Smoothie

Zutaten für 1 Portion:

- ¼ Avocado
- 100 g Babyspinat
- 100 g Blaubeeren
- ½ Apfel
- ½ TL Kurkuma
- einige Stiele Minze
- 180 ml Wasser

Nährwertangaben pro Portion:

- Kalorien: 156 kcal
- Kohlenhydrate: 20,9 g
- Fett: 6,7 g
- Eiweiß: 4,2 g

Zubereitungszeit: 15 Minuten

Zubereitung:

1. Avocado mit einem Messer teilen und Fruchtfleisch herauslösen. Spinat, Blaubeeren und Minze waschen. Apfel waschen, entkernen und in Stücke schneiden.
2. Alle Zutaten in einen Standmixer geben und pürieren.
3. Den Smoothie in ein Glas füllen und servieren.

Tipp: Sie können Kurkuma auch durch Zimt ersetzen, beide haben eine entzündungshemmende Wirkung.

12. Avocado-Smoothie mit Kokos

Zutaten für 1 Portion:

- ½ Avocado
- 120 g griechischer Joghurt
- 120 g Babyspinat
- 2 EL Honig
- 180 ml Kokosmilch
- Crushed Ice

Nährwertangaben pro Portion:

- Kalorien: 676 kcal
- Kohlenhydrate: 52,5 g
- Fett: 45,9 g
- Eiweiß: 13,7 g

Zubereitungszeit: 5 Minuten

Zubereitung:

1. Avocado mit einem Messer teilen und Fruchtfleisch herauslösen. Spinat waschen.
2. Alle Zutaten in einen Standmixer geben und pürieren.
3. Den Smoothie in ein Glas gießen und servieren.

Tipp: Sie können den Honig auch durch Agavendicksaft ersetzen.

13. Avocado-Birnen-Smoothie

Zutaten für 1 Portion:

- ¼ Avocado
- 1 Birne
- Saft einer Orange
- 30 g Feldsalat
- 1 EL Leinöl
- 100 ml Wasser

Nährwertangaben pro Portion:

- Kalorien: 203 kcal
- Kohlenhydrate: 18,3 g
- Fett: 14,8 g
- Eiweiß: 2,5 g

Zubereitungszeit: 10 Minuten

Zubereitung:

1. Avocado mit einem Messer teilen und Fruchtfleisch herauslösen. Birne waschen, entkernen und in Stücke schneiden. Feldsalat waschen.
2. Alle Zutaten in einen Standmixer geben und pürieren.
3. Den Smoothie in ein Glas füllen und servieren.

Tipp: Leinöl ist sehr reich an Vitamin E und Omega-3-Fettsäuren – sogar reicher als die meisten Fischsorten.

14. Avocado-Apfelsaft-Smoothie

Zutaten für 1 Portion:

- ¼ Avocado
- ½ Mango
- Saft einer Zitrone
- 25 ml Apfelsaft
- etwas Mineralwasser zum Aufgießen

Nährwertangaben pro Portion:

- Kalorien: 102 kcal
- Kohlenhydrate: 13,9 g
- Fett: 5,8 g
- Eiweiß: 1 g

Zubereitungszeit: 10 Minuten

Zubereitung:

1. Avocado mit einem Messer teilen und Fruchtfleisch herauslösen. Mango schälen und Fruchtfleisch vom Kern schneiden.
2. Alle Zutaten in einen Standmixer geben und pürieren.
3. Den Smoothie in ein Glas füllen und servieren.

Tipp: Mango ist sehr reich an Betacarotin, das sich positiv auf Haut und Schleimhäute auswirkt.

15. Avocado-Dattel-Smoothie

Zutaten für 1 Portion:

- ½ Avocado
- 30 g entsteinte Datteln
- Saft einer halben Limette
- 20 g Mandelkerne
- 150 ml Milch

Nährwertangaben pro Portion:

- Kalorien: 405 kcal
- Kohlenhydrate: 37,3 g
- Fett: 23,4 g
- Eiweiß: 12,3 g

Zubereitungszeit: 5 Minuten

Zubereitung:

1. Avocado mit einem Messer teilen und Fruchtfleisch herauslösen.
2. Alle Zutaten in einen Mixer geben und pürieren.
3. Den Smoothie in ein Glas füllen und servieren.

Tipp: Datteln sind reich an vielen Vitaminen und an Tryptophan, das vom Körper in das nervenberuhigende Hormon Melatonin umgewandelt wird, sodass Sie besser einschlafen können.

16. Avocado-Brennnessel-Smoothie

Zutaten für 1 Portion:

- ¼ Avocado
- einige Brennnesselspitzen
- einige Minzblätter
- einige Löwenzahnblätter
- etwas Zitronensaft
- 250 ml Wasser
- ½ reife Birne
- 2 Datteln (entsteint)

Nährwertangaben pro Portion:

- Kalorien: 128 kcal
- Kohlenhydrate: 20 g
- Fett: 5,6 g
- Eiweiß: 1,3 g

Zubereitungszeit: 10 Minuten

Zubereitung:

1. Avocado mit einem Messer teilen und Fruchtfleisch herauslösen. Kräuter gründlich abwaschen. Birne waschen, entkernen und in Stücke schneiden.
2. Alle Zutaten in einen Mixer geben und pürieren.
3. Den Smoothie in ein Glas füllen und mit einer Birnenscheibe garnieren.

Tipp: Brennnessel regt den Stoffwechsel an und fördert die Entgiftung. Außerdem ist sie reich an den Vitaminen C, A und K.

17. Avocado-Buttermilch-Smoothie

Zutaten für 1 Portion:

- ¼ Avocado
- 50 g Gurke
- Saft einer halben Limette
- 200 ml Buttermilch
- etwas frischer Basilikum
- Salz

Nährwertangaben pro Portion:

- Kalorien: 144 kcal
- Kohlenhydrate: 13,4 g
- Fett: 6,7 g
- Eiweiß: 7,9 g

Zubereitungszeit: 10 Minuten

Zubereitung:

1. Avocado mit einem Messer teilen und Fruchtfleisch herauslösen. Gurke waschen und in Stücke schneiden. Basilikum gründlich abwaschen.
2. Alle Zutaten in einen Standmixer geben und pürieren.
3. Den Smoothie in ein Glas füllen und mit einer Gurkenscheibe garnieren.

Tipp: Falls Ihnen die Buttermilch zu reichhaltig ist, können Sie auch 100 ml durch Milch ersetzen.

18. Exotischer Avocado-Smoothie

Zutaten für 1 Portion:

- ½ Avocado
- 1 Banane
- ein kleines Stück Ingwer
- 220 ml Wasser
- einige Minzblätter
- Saft einer Limette

Nährwertangaben pro Portion:

- Kalorien: 209 kcal
- Kohlenhydrate: 13,8 g
- Fett: 11,1 g
- Eiweiß: 6,1 g

Zubereitungszeit: 10 Minuten

Zubereitung:

1. Avocado mit einem Messer teilen und Fruchtfleisch herauslösen. Banane und Ingwer schälen. Minzblätter gründlich abwaschen.
2. Alle Zutaten in einen Standmixer geben und pürieren.
3. Den Smoothie in ein Glas füllen und mit Minzblättern garnieren.

Tipp: Dieser Smoothie schmeckt auch sehr gut, wenn Sie eine gefrorene Banane verwenden.

19. Avocado-Smoothie mit Basilikum und Mango

Zutaten für 1 Portion:

- ¼ Avocado
- ½ Mango
- 50 g Gurke
- eine Handvoll frisches Basilikum
- 100 ml Kokoswasser

Nährwertangaben pro Portion:

- Kalorien: 117 kcal
- Kohlenhydrate: 17,8 g
- Fett: 5,9 g
- Eiweiß: 1,5 g

Zubereitungszeit: 15 Minuten

Zubereitung:

1. Avocado mit einem Messer teilen und Fruchtfleisch herauslösen. Mango schälen und Fruchtfleisch vom Kern schneiden. Gurke waschen und in Stücke schneiden. Basilikum gründlich abwaschen.
2. Alle Zutaten in einen Standmixer geben und pürieren.
3. Den Smoothie in ein Glas gießen und servieren.

Tipp: Gerade im Sommer schmeckt dieser Smoothie sehr erfrischend, wenn Sie die Mango und Avocado gefroren in den Mixer geben.

20. Avocado-Matcha-Smoothie

Zutaten für 1 Portion:

- ½ Avocado
- 100 g Ananas
- 50 g Gurke
- 120 ml Mandelmilch
- ½ TL Matchapulver
- Saft einer halben Limette

Nährwertangaben pro Portion:

- Kalorien: 252 kcal
- Kohlenhydrate: 25,8 g
- Fett: 13 g
- Eiweiß: 3,8 g

Zubereitungszeit: 10 Minuten

Zubereitung:

1. Avocado mit einem Messer teilen und Fruchtfleisch herauslösen. Ananas schälen und schneiden, großzügig von Rand und holzigem Innenteil entfernt. Gurke waschen und in Stücke schneiden.
2. Alle Zutaten in einen Standmixer geben und pürieren.
3. Den Smoothie in ein Glas gießen und mit einer Gurkenscheibe garnieren.

Tipp: Matcha ist sehr reich an Antioxidantien, die durch freie Radikale vor Zellschäden schützen.

21. Avocado-Papaya-Smoothie

Zutaten für 1 Portion:

- ½ Avocado
- 50 g Papaya
- Saft einer Zitrone
- 150 ml Kokosmilch
- einige Brennnesselblätter

Nährwertangaben pro Portion:

- Kalorien: 420 kcal
- Kohlenhydrate: 14,4 g
- Fett: 39,6 g
- Eiweiß: 4,1 g

Zubereitungszeit: 10 Minuten

Zubereitung:

1. Avocado mit einem Messer teilen und Fruchtfleisch herauslösen. Papaya durchschneiden und Fruchtfleisch ohne Kerne herauslöffeln. Brennnesselblätter gründlich abwaschen.
2. Alle Zutaten in einen Standmixer geben und pürieren.
3. Den Smoothie in ein Glas füllen und servieren.

Tipp: Die Papaya hat eine verdauungsfördernde Wirkung und kann bei Verstopfungen und Magenbeschwerden helfen.

22. Avocado-Kiwi-Smoothie

Zutaten für 1 Portion:

- ¼ Avocado
- 2 Kiwis
- Saft einer halben Zitrone
- 150 ml Milch
- Zitronenscheibe zum Garnieren

Nährwertangaben pro Portion:

- Kalorien: 224 kcal
- Kohlenhydrate: 32,5 g
- Fett: 7,5 g
- Eiweiß: 8 g

Zubereitungszeit: 10 Minuten

Zubereitung:

1. Avocado mit einem Messer teilen und Fruchtfleisch herauslösen. Kiwis schälen und in Stücke schneiden.
2. Alle Zutaten in einen Standmixer geben und pürieren.
3. Den Smoothie in ein Glas füllen und mit einer Zitronenscheibe garnieren.

Tipp: Kiwis sind sehr reich an B-Vitaminen und Vitamin C. Sie stärken das Immunsystem und schützen somit vor Krankheiten.

23. Avocado-Smoothie mit Basilikum und Kiwi

Zutaten für 1 Portion:

- ¼ Avocado
- ½ Banane
- 2 Kiwis
- 150 ml Mandelmilch
- eine Handvoll frisches Basilikum

Nährwertangaben pro Portion:

- Kalorien: 239 kcal
- Kohlenhydrate: 34,1 g
- Fett: 8,6 g
- Eiweiß: 6,4 g

Zubereitungszeit: 10 Minuten

Zubereitung:

1. Avocado mit einem Messer teilen und Fruchtfleisch herauslösen. Banane schälen. Kiwis schälen und in Stücke schneiden. Basilikum gründlich abwaschen.
2. Alle Zutaten in einen Standmixer geben, anschließend pürieren.
3. Den Smoothie in ein Glas gießen und servieren.

Tipp: Sie können die Mandelmilch auch durch Kokoswasser ersetzen.

24. Avocado-Spirulina-Smoothie

Zutaten für 1 Portion:

- ½ Avocado
- 200 ml Cashewmilch
- 1 TL Spirulinapulver
- 1 Banane

Nährwertangaben pro Portion:

- Kalorien: 296 kcal
- Kohlenhydrate: 18,4 g
- Fett: 16,3 g
- Eiweiß: 10,7 g

Zubereitungszeit: 5 Minuten

Zubereitung:

1. Avocado mit einem Messer teilen und Fruchtfleisch herauslösen. Banane schälen.
2. Alle Zutaten in einen Standmixer geben und pürieren.
3. Den Smoothie in ein Glas füllen und servieren.

Tipp: Spirulina ist sehr gut für den Körper. Sie stärkt das Immunsystem und kann beispielsweise die Blutfettwerte verbessern.

25. Avocado-Rucola-Smoothie

Zutaten für 1 Portion:

- ¼ Avocado
- 1 Banane
- eine Handvoll Rucola
- etwas Ingwer
- Saft einer Orange
- 200 ml Hafermilch
- Orangenscheibe zum Garnieren

Nährwertangaben pro Portion:

- Kalorien: 250 kcal
- Kohlenhydrate: 27 g
- Fett: 8,4 g
- Eiweiß: 6,9 g

Zubereitungszeit: 10 Minuten

Zubereitung:

1. Avocado mit einem Messer teilen und Fruchtfleisch herauslösen. Banane und Ingwer schälen. Rucola gründlich abwaschen. Ingwer und Banane schälen.
2. Alle Zutaten in einen Standmixer geben und pürieren.
3. Den Smoothie in ein Glas gießen und mit einer Orangenscheibe garnieren.

Tipp: Anstelle der Hafermilch können Sie auch jede andere Milch verwenden, die sie möchten.

Smoothies mit Brokkoli

26. Grüner Brokkoli-Smoothie

Zutaten für 1 Portion:

- 100 g Brokkoli
- 30 g Babyspinat
- Saft einer halben Zitrone
- 50 g Möhre
- 100 ml Wasser

Nährwertangaben pro Portion:

- Kalorien: 61 kcal
- Kohlenhydrate: 9,9 g
- Fett: 0,7 g
- Eiweiß: 3,7 g

Zubereitungszeit: 15 Minuten

Zubereitung:

1. Die Brokkoliröschen abtrennen, putzen und einige Minuten in Salzwasser kochen.
2. Spinat gründlich abwaschen. Möhre waschen, schälen und in Stücke schneiden.
3. Wasser abgießen und Brokkoli zusammen mit allen übrigen Zutaten in einen Standmixer geben und pürieren.
4. Den Smoothie in ein Glas füllen und servieren.

Tipp: Sie können den Zitronensaft auch durch Limettensaft ersetzen.

27. Brokkoli-Joghurt-Smoothie

Zutaten für 1 Portion:

- 200 g Brokkoli
- Saft einer Zitrone
- 100 g Naturjoghurt
- eine Prise Salz

Nährwertangaben pro Portion:

- Kalorien: 130 kcal
- Kohlenhydrate: 13,8 g
- Fett: 2,3 g
- Eiweiß: 11 g

Zubereitungszeit: 15 Minuten

Zubereitung:

1. Die Brokkoliröschen abtrennen, putzen und einige Minuten in Salzwasser kochen lassen. Abschrecken und kurz stehen lassen.
2. Zusammen mit allen übrigen Zutaten in einen Standmixer geben und pürieren.
3. Den Smoothie in ein Glas füllen und servieren.

Tipp: Falls Ihnen der Smoothie zu dickflüssig sein sollte, können Sie noch etwas Milch hinzugeben.

28. Brokkoli-Gurken-Apfel-Smoothie

Zutaten für 1 Portion:

- 100 g Brokkoli
- ½ Apfel
- 100 g Gurke
- 50 ml Mandelmilch

Nährwertangaben pro Portion:

- Kalorien: 95 kcal
- Kohlenhydrate: 16,1 g
- Fett: 1,1 g
- Eiweiß: 4,1 g

Zubereitungszeit: 10 Minuten

Zubereitung:

1. Apfel waschen, entkernen und in Stücke schneiden. Brokkoli und Gurke waschen und in Stücke schneiden.
2. Alle Zutaten in einen Standmixer geben und pürieren.
3. Den Smoothie in ein Glas füllen und mit einer Apfelscheibe garnieren.

Tipp: Sie können die Mandelmilch gern durch eine andere Milch nach Wahl ersetzen. Sie können sie aber auch ganz weglassen, denn der Smoothie ist durch die Gurke relativ flüssig.

29. Brokkoli-Orangen-Smoothie

Zutaten für 1 Portion:

- 100 g Brokkoli
- 2 Orangen
- ½ Banane
- 100 ml Milch

Nährwertangaben pro Portion:

- Kalorien: 249 kcal
- Kohlenhydrate: 43,2 g
- Fett: 1,5 g
- Eiweiß: 11,2 g

Zubereitungszeit: 15 Minuten

Zubereitung:

1. Brokkoliröschen abtrennen, putzen und einige Minuten in Salzwasser garen.
2. Banane schälen. Orangen schälen und Stücke abtrennen.
3. Brokkoli kurz abschrecken, mit allen übrigen Zutaten in einen Standmixer geben und pürieren.
4. Den Smoothie in ein Glas füllen und servieren.

Tipp: Orangen wirken entzündungshemmend und antioxidativ.

Sie können die Milch auch durch den Saft zweier weiterer Orangen ersetzen.

30. Brokkoli-Rucola-Smoothie

Zutaten für 1 Portion:

- 100 g Brokkoli
- 50 g Rucola
- Saft einer Zitrone
- 50 g Naturjoghurt

Nährwertangaben pro Portion:

- Kalorien: 184 kcal
- Kohlenhydrate: 19,3 g
- Fett: 7,2 g
- Eiweiß: 5,5 g

Zubereitungszeit: 15 Minuten

Zubereitung:

1. Die Brokkoliröschen abtrennen, putzen und einige Minuten in Salzwasser garen.
2. Rucola gründlich abwaschen.
3. Brokkoli kurz mit kaltem Wasser abschrecken und mit den übrigen Zutaten in einen Standmixer geben und pürieren.
4. Den Smoothie in ein Glas füllen und servieren.

Tipp: Zum leicht nussigen Geschmack des Rucola passt es auch sehr gut, einige Cashewkerne mitzupürieren.

31. Brokkoli-Erdbeer-Smoothie

Zutaten für 1 Portion:

- 100 g Brokkoli
- 50 g Erdbeeren
- 100 ml fettarme Milch
- 2 Kiwis

Nährwertangaben pro Portion:

- Kalorien: 187 kcal
- Kohlenhydrate: 33,4 g
- Fett: 2,3 g
- Eiweiß: 8,8 g

Zubereitungszeit: 10 Minuten

Zubereitung:

1. Brokkoli putzen und in Stücke schneiden. Erdbeeren waschen und die Kelche abschneiden. Kiwis schälen und klein schneiden.
2. Alle Zutaten in einen Standmixer geben und pürieren.
3. Den Smoothie in ein Glas füllen und servieren.

Tipp: Falls Ihnen der Brokkoli in roher Form nicht so gut schmeckt, können Sie ihn vorher einige Minuten in Salzwasser kochen.

32. Brokkoli-Smoothie mit grünem Tee

Zutaten für 1 Portion:

- 45 g Brokkoli (tiefgekühlt)
- 200 g Erdbeeren (tiefgekühlt)
- 20 g Mandeln
- 50 g Kichererbsen
- 190 ml grüner Tee
- etwas Zimt

Nährwertangaben pro Portion:

- Kalorien: 236 kcal
- Kohlenhydrate: 21,3 g
- Fett: 12,4 g
- Eiweiß: 9,4 g

Zubereitungszeit: 5 Minuten

Zubereitung:

1. Alle Zutaten in einen Standmixer geben und pürieren.
2. Den Smoothie in ein Glas gießen und mit einer Erdbeere garnieren.

Tipp: Auch wenn die Kombination aus allem sehr gewöhnungsbedürftig klingt – alle Zutaten zusammen wirken sehr stoffwechselanregend.

33. Brokkoli-Ingwer-Smoothie

Zutaten für 1 Portion:

- 100 g Brokkoli
- ein Stück Ingwer (3 cm)
- 1 Banane
- 50 g griechischer Joghurt

Nährwertangaben pro Portion:

- Kalorien: 161 kcal
- Kohlenhydrate: 15,9 g
- Fett: 0,6 g
- Eiweiß: 10 g

Zubereitungszeit: 15 Minuten

Zubereitung:

1. Brokkoliröschen abtrennen, putzen und einige Minuten in Salzwasser kochen. In der Zwischenzeit den Ingwer und die Banane schälen.
2. Brokkoli kurz mit kaltem Wasser abschrecken.
3. Alle Zutaten in einen Standmixer geben und pürieren.
4. Den Smoothie in ein Glas füllen und servieren.

Tipp: Ingwer ist eine echte Vitaminbombe und vor allem reich an Vitamin C, Eisen, Magnesium und Kalium. Darüber hinaus wirkt er antibakteriell.

34. Brokkoli-Zimt-Smoothie

Zutaten für 1 Portion:

- 100 g Brokkoli
- 1 Apfel
- 100 g Naturjoghurt
- Zimt nach Belieben

Nährwertangaben pro Portion:

- Kalorien: 161 kcal
- Kohlenhydrate: 24,3 g
- Fett: 1,9 g
- Eiweiß: 8,5 g

Zubereitungszeit: 15 Minuten

Zubereitung:

1. Brokkoliröschen abtrennen, putzen und einige Minuten in Salzwasser kochen.
2. Den Apfel waschen, entkernen und in Stücke schneiden.
3. Den Brokkoli kalt abschrecken, zusammen mit allen Zutaten in einen Standmixer geben und pürieren.
4. Den Smoothie in ein Glas füllen und servieren.

Tipp: Dieser Smoothie schmeckt auch, wenn Sie einen Joghurt mit leichter Zitronennote verwenden, jedoch sollte er im Optimalfall zuckerfrei sein.

35. Brokkoli-Smoothie mit Löwenzahn

Zutaten für 1 Portion:

- 100 g Brokkoli
- ½ Bund Löwenzahn
- 50 g Gurke
- 150 ml Wasser
- 1 TL Weizenkeimöl

Nährwertangaben pro Portion:

- Kalorien: 76 kcal
- Kohlenhydrate: 8 g
- Fett: 1,1 g
- Eiweiß: 6,4 g

Zubereitungszeit: 15 Minuten

Zubereitung:

1. Brokkoliröschen abtrennen, putzen und kurz in Salzwasser kochen.
2. In der Zwischenzeit den Löwenzahn gründlich abwaschen, die Gurke waschen und in Stücke schneiden.
3. Brokkoli abschrecken und zusammen mit den übrigen Zutaten in einen Standmixer geben und pürieren.
4. Den Smoothie in ein Glas füllen und servieren.

Tipp: Sie können das Wasser auch durch eine Milchsorte Ihrer Wahl ersetzen. So wird der Smoothie cremiger.

36. Brokkoli-Grünkohl-Smoothie

Zutaten für 1 Portion:

- 100 g Brokkoli
- 50 g Grünkohl
- Saft einer Zitrone
- 100 ml Mandelmilch

Nährwertangaben pro Portion:

- Kalorien: 80 kcal
- Kohlenhydrate: 8,2 g
- Fett: 2,1 g
- Eiweiß: 5,6 g

Zubereitungszeit: 15 Minuten

Zubereitung:

1. Den Grünkohl und Brokkoli sehr gründlich waschen. Anschließend beides zusammen einige Minuten in Salzwasser kochen.
2. Mit kaltem Wasser abschrecken und zusammen mit allen übrigen Zutaten in einen Standmixer geben und pürieren.
3. Den Smoothie in ein Glas füllen und servieren.

Tipp: Sie können den Zitronensaft auch durch Orangensaft ersetzen.

37. Brokkoli-Himbeer-Smoothie

Zutaten für 1 Portion:

- 120 g Brokkoli
- 50 g Himbeeren
- 50 g Ananas
- 100 ml Wasser

Nährwertangaben pro Portion:

- Kalorien: 86 kcal
- Kohlenhydrate: 13,5 g
- Fett: 0,7 g
- Eiweiß: 4,4 g

Zubereitungszeit: 10 Minuten

Zubereitung:

1. Brokkoliröschen abtrennen, putzen und einige Minuten in Salzwasser garen.
2. Himbeeren waschen und das Innere entfernen. Ananas schälen und schneiden, großzügig von Rand und holzigem Innenteil entfernt.
3. Brokkoli mit kaltem Wasser abschrecken und zusammen mit den übrigen Zutaten in einen Standmixer geben und pürieren.
4. Den Smoothie in ein Glas füllen und servieren.

Tipp: Wenn Sie nur wenig Zeit haben, können Sie den Brokkoli auch roh pürieren.

38. Brokkolada-Smoothie

Zutaten für 1 Portion:

- 100 g Brokkoli
- 100 g Ananas
- 100 ml Kokoswasser

Nährwertangaben pro Portion:

- Kalorien: 110 kcal
- Kohlenhydrate: 21,6 g
- Fett: 0,7 g
- Eiweiß: 3,5 g

Zubereitungszeit: 15 Minuten

Zubereitung:

1. Brokkoliröschen abtrennen, putzen und einige Minuten in Salzwasser garen.
2. Ananas schälen und schneiden, großzügig von Rand und holzigem Innenteil entfernt.
3. Brokkoli mit kaltem Wasser abschrecken und mit allen übrigen Zutaten in einen Standmixer geben und pürieren.
4. Den Smoothie in ein Glas füllen und servieren.

Tipp: Falls Sie keine frische Ananas zur Hand haben, können sie auch welche aus der Dose verwenden, dadurch wird der Cocktail etwas süßer. Dann können Sie auch das Kokoswasser durch den Ananassaft aus der Dose ersetzen.

39. Brokkoli-Cashew-Smoohie

Zutaten für 1 Portion:

- 150 g Brokkoli
- 50 g Cashewkerne
- 100 ml Cashewmilch
- 1 Banane

Nährwertangaben pro Portion:

- Kalorien: 463 kcal
- Kohlenhydrate: 30,2 g
- Fett: 24,1 g
- Eiweiß: 18,8 g

Zubereitungszeit: 15 Minuten

Zubereitung:

1. Brokkoliröschen abtrennen, putzen und einige Minuten in Salzwasser kochen.
2. Banane schälen.
3. Brokkoli mit kaltem Wasser abschrecken, mit den übrigen Zutaten in einen Standmixer geben und pürieren.
4. Den Smoothie in ein Glas füllen und servieren.

Tipp: Das Aroma der Nüsse entfaltet sich besser, wenn Sie sie vorher kurz anrösten.

40. Brokkoli-Brombeer-Smoothie

Zutaten für 1 Portion:

- 100 g Brokkoli
- 40 g Brombeeren
- Saft einer Limette
- 50 g Babyspinat
- 50 ml Joghurt

Nährwertangaben pro Portion:

- Kalorien: 118 kcal
- Kohlenhydrate: 11,9 g
- Fett: 3,6 g
- Eiweiß: 7,7 g

Zubereitungszeit: 15 Minuten

Zubereitung:

1. Den Brokkoli putzen, in Stücke schneiden und kurz in leicht gesalzenem Wasser kochen.
2. Babyspinat und Brombeeren gründlich waschen.
3. Alle Zutaten in einen Standmixer geben und pürieren.
4. Den Smoothie in ein Glas füllen und servieren.

Tipp: Falls Ihnen der Smoothie zu dickflüssig ist, können Sie noch etwas Milch oder Wasser hinzufügen.

41. Brokkoli-Ingwer-Mango-Smoothie

Zutaten für 1 Portion:

- 100 g Brokkoli
- ½ Mango
- Saft einer Zitrone
- ein Stück Ingwer
- 100 ml Reismilch

Nährwertangaben pro Portion:

- Kalorien: 140 kcal
- Kohlenhydrate: 29,3 g
- Fett: 1,9 g
- Eiweiß: 3,5 g

Zubereitungszeit: 15 Minuten

Zubereitung:

1. Brokkoliröschen abtrennen, putzen und einige Minuten in Salzwasser garen.
2. Mango schälen und Fruchtfleisch vom Kern schneiden. Ingwer schälen.
3. Brokkoli mit kaltem Wasser abschrecken und mit allen übrigen Zutaten in einen Standmixer geben und pürieren.
4. Den Smoothie in ein Glas füllen und servieren.

Tipp: Je nachdem wie scharf Sie es mögen, können Sie die Größe des Ingwerstücks wählen. Je mehr Sie verwenden, desto schärfer wird der Smoothie.

42. Brokkoli-Kurkuma-Smoothie

Zutaten für 1 Portion:

- 150 g Brokkoli
- 100 ml Wasser
- 1 Apfel
- Saft einer Zitrone
- ½ TL Kurkuma

Nährwertangaben pro Portion:

- Kalorien: 116 kcal
- Kohlenhydrate: 20 g
- Fett: 0,6 g
- Eiweiß: 4,8 g

Zubereitungszeit: 15 Minuten

Zubereitung:

1. Brokkoliröschen abtrennen, putzen und einige Minuten in Salzwasser garen.
2. Apfel waschen, entkernen und in Stücke schneiden.
3. Brokkoli mit kaltem Wasser abschrecken und mit allen übrigen Zutaten in einen Standmixer geben und pürieren.
4. Den Smoothie in ein Glas füllen und servieren.

Tipp: Der Smoothie schmeckt besonders gut, wenn Sie eine säuerliche Apfelsorte verwenden.

43. Brokkoli-Smoothie mit Mango und Rucola

Zutaten für 1 Portion:

- 50 g Brokkoli
- 100 g Rucola
- Saft einer Limette
- 200 ml Wasser
- 1 Mango

Nährwertangaben pro Portion:

- Kalorien: 375 kcal
- Kohlenhydrate: 56,6 g
- Fett: 13,1 g
- Eiweiß: 3,1 g

Zubereitungszeit: 15 Minuten

Zubereitung:

1. Brokkoliröschen abtrennen und putzen. Mango schälen und in Würfel schneiden. Rucola gründlich abwaschen.
2. Alle Zutaten in einen Standmixer geben und pürieren.
3. Den Smoothie in ein Glas füllen und servieren.

Tipp: Rollen Sie die Limette, bevor Sie sie auspressen. Dadurch löst sich der Saft leichter vom Fruchtfleisch.

44. Brokkoli-Smoothie mit Sellerie

Zutaten für 1 Portion:

- 100 g Brokkoli
- 100 g Sellerie
- 100 g Himbeeren
- 100 g Naturjoghurt

Nährwertangaben pro Portion:

- Kalorien: 169 kcal
- Kohlenhydrate: 21,2 g
- Fett: 2,4 g
- Eiweiß: 10,3 g

Zubereitungszeit: 15 Minuten

Zubereitung:

1. Brokkoliröschen abtrennen, putzen und einige Minuten in Salzwasser garen.
2. Sellerie schälen und in Stücke schneiden. Himbeeren waschen.
3. Brokkoli mit kaltem Wasser abschrecken und gemeinsam mit allen übrigen Zutaten in einen Standmixer geben und pürieren.
4. Den Smoothie in ein Glas füllen und servieren.

Tipp: Falls Ihnen diese Kombination zu dickflüssig ist, können Sie den Naturjoghurt auch durch eine pflanzliche Milch Ihrer Wahl ersetzen.

45. Exotischer Brokkoli-Smoothie

Zutaten für 1 Portion:

- 50 g Brokkoli
- 100 g Ananas
- 100 g Mango
- Saft einer Zitrone
- 50 g griechischer Joghurt
- Zitronenscheibe zum Garnieren

Nährwertangaben pro Portion:

- Kalorien: 160 kcal
- Kohlenhydrate: 33,2 g
- Fett: 0,9 g
- Eiweiß: 5 g

Zubereitungszeit: 15 Minuten

Zubereitung:

1. Brokkoli putzen und schneiden. Ananas schälen und schneiden, großzügig von Rand und holzigem Innenteil entfernt. Mango schälen und in Würfel schneiden.
2. Alle Zutaten in einen Standmixer geben und pürieren.
3. Den Smoothie in ein Glas gießen und mit einer Zitronenscheibe garnieren.

Tipp: Griechischer Joghurt ist sehr proteinreich. Deshalb eignet er sich optimal, wenn Sie etwas mehr auf Ihre Ernährung achten oder ihre Muskeln aufbauen wollen.

46. Stoffwechsel-Booster

Zutaten für 1 Portion:

- 200 g Brokkoli (tiefgekühlt)
- 100 g griechischer Joghurt
- 50 ml Wasser
- ½ TL Kurkuma
- ½ TL Zimt
- ein Stück Ingwer

Nährwertangaben pro Portion:

- Kalorien: 123 kcal
- Kohlenhydrate: 12,1 g
- Fett: 0,8 g
- Eiweiß: 10,8 g

Zubereitungszeit: 5 Minuten

Zubereitung:

1. Den Ingwer schälen.
2. Alle Zutaten in einen Standmixer geben und pürieren.
3. Den Smoothie in ein Glas füllen und servieren.

Tipp: Kurkuma ist ein echter Allrounder unter den Gewürzen und besticht vor allem durch seine entzündungshemmende Wirkung.

47. Brokkoli-Gurken-Himbeer-Smoothie

Zutaten für 1 Portion:

- 100 g Brokkoli
- 100 g Gurke
- 50 g Himbeeren
- 50 g Joghurt
- Saft einer halben Orange

Nährwertangaben pro Portion:

- Kalorien: 114 kcal
- Kohlenhydrate: 12,8 g
- Fett: 3,2 g
- Eiweiß: 7,2 g

Zubereitungszeit: 15 Minuten

Zubereitung:

1. Brokkoliröschen abtrennen und einige Minuten in Salzwasser garen.
2. Gurke abwaschen und in Stücke schneiden. Himbeeren waschen und das Innere entfernen.
3. Brokkoli mit kaltem Wasser abschrecken und zusammen mit den anderen Zutaten in einen Standmixer geben und pürieren.
4. Den Smoothie in ein Glas gießen und mit einer Himbeere garnieren.

Tipp: Je höher der Fettgehalt des Joghurts, desto dickflüssiger wird der Cocktail.

48. Brokkoli-Pfirsich-Smoothie

Zutaten für 1 Portion:

- 100 g Brokkoli (tiefgekühlt)
- 2 Pfirsiche
- 100 ml Mandelmilch
- etwas Zimt

Nährwertangaben pro Portion:

- Kalorien: 145 kcal
- Kohlenhydrate: 24,7 g
- Fett: 2,3 g
- Eiweiß: 5 g

Zubereitungszeit: 5 Minuten

Zubereitung:

1. Pfirsiche waschen, entkernen und in Stücke schneiden.
2. Alle Zutaten in einen Standmixer geben und pürieren.
3. Den Smoothie in ein Glas füllen und servieren.

Tipp: Sie können die Mandelmilch auch durch eine andere Milch ersetzen.

49. Brokkoli-Dattel-Smoothie

Zutaten für 1 Portion:

- 100 g Brokkoli
- 30 g Datteln (entsteint)
- 100 g Naturjoghurt
- 2 Äpfel
- Saft einer Zitrone
- Eiswürfel zum Servieren

Nährwertangaben pro Portion:

- Kalorien: 312 kcal
- Kohlenhydrate: 61,1 g
- Fett: 2,1 g
- Eiweiß: 9,6 g

Zubereitungszeit: 15 Minuten

Zubereitung:

1. Brokkoliröschen abtrennen und einige Minuten in Salzwasser garen.
2. Die Äpfel waschen, entkernen und in Stücke schneiden.
3. Brokkoli mit kaltem Wasser abschrecken, mit allen übrigen Zutaten in einen Standmixer geben und pürieren.
4. Den Smoothie in ein Glas mit Eiswürfeln gießen.

Tipp: Falls Sie es nicht so süß mögen, können Sie auch etwas weniger Datteln verwenden.

50. Brokkoli-Kiwi-Smoothie mit Trauben

Zutaten für 1 Portion:

- 50 g Brokkoli (tiefgekühlt)
- 2 Kiwis
- 50 g Weintrauben (kernlos)
- Saft einer Limette

Nährwertangaben pro Portion:

- Kalorien: 140 kcal
- Kohlenhydrate: 32,4 g
- Fett: 1,4 g
- Eiweiß: 3,8 g

Zubereitungszeit: 5 Minuten

Zubereitung:

1. Kiwis schälen und klein schneiden.
2. Alle Zutaten in einen Standmixer geben und pürieren.
3. Den Smoothie in ein Glas füllen und servieren.

Tipp: Ist der Smoothie sehr dickflüssig, fügen Sie am besten noch einen Schluck Wasser hinzu.

Smoothies mit Spinat

51. Spinat-Bananen-Smoothie

Zutaten für 1 Portion:

- 150 g Babyspinat
- 1 Banane
- Saft einer Zitrone
- 100 ml Wasser

Nährwertangaben pro Portion:

- Kalorien: 156 kcal
- Kohlenhydrate: 36,6 g
- Fett: 1,2 g
- Eiweiß: 6 g

Zubereitungszeit: 5 Minuten

Zubereitung:

1. Spinat gründlich abwaschen. Banane schälen.
2. Alle Zutaten in einen Standmixer geben und pürieren.
3. Den Smoothie in ein Glas gießen und mit einer Bananenscheibe garnieren.

Tipp: Für die Sommervariante können Sie auch eine gefrorene Banane verwenden.

52. Spinat-Colada-Smoothie

Zutaten für 1 Portion:

- 150 g Babyspinat
- 100 g Ananas
- 100 ml Kokoswasser
- 1 Banane

Nährwertangaben pro Portion:

- Kalorien: 202 kcal
- Kohlenhydrate: 45,4 g
- Fett: 1,2 g
- Eiweiß: 5,6 g

Zubereitungszeit: 10 Minuten

Zubereitung:

1. Spinat gründlich abwaschen. Ananas schälen und schneiden, großzügig von Rand und holzigem Innenteil entfernt. Banane schälen.
2. Alle Zutaten in einen Standmixer geben und pürieren.
3. Den Smoothie in ein Glas gießen und mit einer Ananasscheibe garnieren.

Tipp: Falls Sie es eher cremiger mögen, können Sie auch Kokosmilch statt des Kokoswassers verwenden.

53. Spinat-Smoothie mit Mandelmilch

Zutaten für 1 Portion:

- 150 g Babyspinat
- 1 Banane
- 100 ml Mandelmilch
- 20 g Mandeln

Nährwertangaben pro Portion:

- Kalorien: 269 kcal
- Kohlenhydrate: 34,5 g
- Fett: 13 g
- Eiweiß: 9,7 g

Zubereitungszeit: 5 Minuten

Zubereitung:

1. Spinat gründlich abwaschen. Banane schälen.
2. Alle Zutaten in einen Standmixer geben und pürieren.
3. Den Smoothie in ein Glas gießen und mit einer Bananenscheibe garnieren.

Tipp: Spinat ist sehr reich an B-Vitaminen und Vitamin C. Damit ist er optimal für eine ausgewogene Ernährung.

54. Spinat-Avocado-Smoothie

Zutaten für 1 Portion:

- 150 g Spinat
- ¼ Avocado
- 1 Apfel
- Saft einer Orange
- 100 ml Wasser
- Orangenscheibe zum Garnieren

Nährwertangaben pro Portion:

- Kalorien: 224 kcal
- Kohlenhydrate: 37,7 g
- Fett: 6,3 g
- Eiweiß: 6,3 g

Zubereitungszeit: 10 Minuten

Zubereitung:

1. Spinat gründlich abwaschen. Avocado mit einem Messer teilen und Fruchtfleisch herauslösen. Apfel waschen, entkernen und in Stücke schneiden.
2. Alle Zutaten in einen Standmixer geben und pürieren.
3. Den Smoothie in ein Glas gießen und mit einer Orangenscheibe garnieren.

Tipp: Sie können den Orangensaft auch durch den Saft von zwei Zitronen ersetzen.

55. Spinat-Ingwer-Smoothie

Zutaten für 1 Portion:

- 150 g Babyspinat
- 2 Äpfel
- ein kleines Stück Ingwer
- 100 ml Wasser

Nährwertangaben pro Portion:

- Kalorien: 168 kcal
- Kohlenhydrate: 33,4 g
- Fett: 0,6 g
- Eiweiß: 4,7 g

Zubereitungszeit: 10 Minuten

Zubereitung:

1. Spinat gründlich abwaschen. Äpfel waschen, entkernen und in Stücke schneiden. Den Ingwer schälen.
2. Alle Zutaten in einen Standmixer geben und pürieren.
3. Den Smoothie in ein Glas füllen und servieren.

Tipp: Ingwer hat eine kreislaufanregende Wirkung. Somit sind Ingwer-Smoothies gut geeignet, um morgens in Schwung zu kommen.

56. Spinat-Kurkuma-Smoothie

Zutaten für 1 Portion:

- 100 g Babyspinat
- 50 g Feldsalat
- 1 Banane
- ½ TL Kurkuma
- Saft einer Zitrone
- 100 ml Wasser
- Zitronenscheibe zum Garnieren

Nährwertangaben pro Portion:

- Kalorien: 122 kcal
- Kohlenhydrate: 26,1 g
- Fett: 0,8 g
- Eiweiß: 4,9 g

Zubereitungszeit: 10 Minuten

Zubereitung:

1. Spinat und Feldsalat gründlich abwaschen. Banane schälen.
2. Alle Zutaten in einen Standmixer geben und pürieren.
3. Den Smoothie in ein Glas gießen und mit einer Zitronenscheibe garnieren.

Tipp: Kurkuma ist vor allem dafür bekannt, den Stoffwechsel anzuregen. Falls Ihnen dieses Gewürz jedoch nicht schmeckt, können Sie es auch weglassen.

57. Spinat-Kiwi-Smoothie

Zutaten für 1 Portion:

- 150 g Babyspinat
- 2 Kiwis
- 100 g Naturjoghurt
- 100 ml Reismilch

Nährwertangaben pro Portion:

- Kalorien: 236 kcal
- Kohlenhydrate: 42,5 g
- Fett: 4,1 g
- Eiweiß: 11,2 g

Zubereitungszeit: 5 Minuten

Zubereitung:

1. Spinat gründlich abwaschen. Kiwis schälen und in Stücke schneiden.
2. Alle Zutaten in einen Standmixer geben und pürieren.
3. Den Smoothie in ein Glas gießen und servieren.

Tipp: Kiwis haben einen sehr hohen Vitamin-C-Anteil. Sie helfen gegen Stress, Ängste und Nervosität.

58. Spinat-Smoothie mit Grapefruit

Zutaten für 1 Portion:

- 150 g Babyspinat
- 1 Grapefruit
- 1 Banane
- 200 ml Mandelmilch

Nährwertangaben pro Portion:

- Kalorien: 220 kcal
- Kohlenhydrate: 43,7 g
- Fett: 3,7 g
- Eiweiß: 6,8 g

Zubereitungszeit: 10 Minuten

Zubereitung:

1. Spinat gründlich abwaschen. Grapefruit schälen und Stücke abtrennen. Banane schälen.
2. Alle Zutaten in einen Standmixer geben und pürieren.
3. Den Smoothie in ein Glas gießen und mit einer Bananenscheibe garnieren.

Tipp: Grapefruits wird eine „austrocknende" Wirkung nachgesagt, was bei Übergewicht helfen soll.

59. Spinat-Kokos-Smoothie

Zutaten für 1 Portion:

- 150 g Babyspinat
- 150 ml Kokosmilch
- 1 Banane
- 80 g griechischer Joghurt

Nährwertangaben pro Portion:

- Kalorien: 448 kcal
- Kohlenhydrate: 34,2 g
- Fett: 29,4 g
- Eiweiß: 11,4 g

Zubereitungszeit: 5 Minuten

Zubereitung:

1. Spinat gründlich abwaschen. Banane schälen.
2. Alle Zutaten in einen Standmixer geben und pürieren.
3. Den Smoothie in ein Glas füllen und servieren.

Tipp: Wenn Ihnen griechischer Joghurt zu reichhaltig ist, können Sie auch auf anderen Joghurt zurückgreifen.

60. Spinat-Orangen-Ingwer-Smoothie

Zutaten für 1 Portion:

- 150 g Spinat
- Saft von 2 Orangen
- 100 g Naturjoghurt
- 1 Banane
- ein kleines Stück Ingwer
- 100 ml Wasser

Nährwertangaben pro Portion:

- Kalorien: 223 kcal
- Kohlenhydrate: 41,8 g
- Fett: 2,4 g
- Eiweiß: 11,6 g

Zubereitungszeit: 10 Minuten

Zubereitung:

1. Spinat gründlich abwaschen. Banane schälen.
2. Alle Zutaten in einen Standmixer geben und pürieren.
3. Den Smoothie in ein Glas füllen und servieren.

Tipp: Wenn Sie den Smoothie sehr dickflüssig mögen, können Sie auch auf das Wasser verzichten.

61. Spinat-Mango-Smoothie

Zutaten für 1 Portion:

- 150 g Babyspinat
- 1 Mango
- Saft einer Zitrone
- 1 Banane
- 100 ml Wasser

Nährwertangaben pro Portion:

- Kalorien: 244 kcal
- Kohlenhydrate: 59,6 g
- Fett: 1,9 g
- Eiweiß: 6 g

Zubereitungszeit: 10 Minuten

Zubereitung:

1. Spinat gründlich abwaschen. Mango schälen und Fruchtfleisch vom Kern schneiden. Banane schälen.
2. Alle Zutaten in einen Standmixer geben und pürieren.
3. Den Smoothie in ein Glas gießen und mit einer Mangospalte garnieren.

Tipp: Der Smoothie schmeckt etwas milder, wenn Sie den Zitronensaft durch Orangensaft ersetzen.

62. Spinat-Apfel-Kiwi-Smoothie

Zutaten für 1 Portion:

- 150 g Babyspinat
- 1 Apfel
- 2 Kiwis
- ein kleines Stück Ingwer

Nährwertangaben pro Portion:

- Kalorien: 192 kcal
- Kohlenhydrate: 41,1 g
- Fett: 1,6 g
- Eiweiß: 6,3 g

Zubereitungszeit: 10 Minuten

Zubereitung:

1. Spinat gründlich abwaschen. Apfel waschen, entkernen und in Stücke schneiden. Kiwis schälen und klein schneiden. Den Ingwer schälen.
2. Alle Zutaten in einen Standmixer geben und pürieren.
3. Den Smoothie in ein Glas füllen und servieren.

Tipp: Wenn Sie eine säuerliche Apfelsorte verwenden, schmeckt der Smoothie besonders gut.

63. Spinat-Himbeer-Smoothie

Zutaten für 1 Portion:

- 150 g Babyspinat
- 100 g Himbeeren
- 1 Banane
- 100 ml Mandelmilch

Nährwertangaben pro Portion:

- Kalorien: 188 kcal
- Kohlenhydrate: 35,5 g
- Fett: 2,5 g
- Eiweiß: 6,8 g

Zubereitungszeit: 10 Minuten

Zubereitung:

1. Spinat gründlich abwaschen. Himbeeren waschen und das Innere entfernen. Banane schälen.
2. Alle Zutaten in einen Standmixer geben und pürieren.
3. Den Smoothie in ein Glas gießen und mit einer Himbeere garnieren.

Tipp: Mandelmilch ist vegan. Somit ist sie bekömmlicher und für Menschen mit Laktoseintoleranz geeignet.

64. Spinat-Smoothie mit griechischem Joghurt

Zutaten für 1 Portion:

- 150 g Babyspinat
- 1 EL Leinsamen
- 100 g griechischer Joghurt
- 2 Kiwis

Nährwertangaben pro Portion:

- Kalorien: 270 kcal
- Kohlenhydrate: 31,8 g
- Fett: 9,4 g
- Eiweiß: 15,1 g

Zubereitungszeit: 5 Minuten

Zubereitung:

1. Spinat gründlich abwaschen. Kiwis schälen und klein schneiden.
2. Alle Zutaten in einen Standmixer geben und pürieren.
3. Den Smoothie in ein Glas füllen und servieren.

Tipp: Leinsamen sind reich an mehrfach ungesättigten Omega-3-Fettsäuren, wichtigen Ballaststoffen und Eiweiß.

65. Dünner Hans

Zutaten für 1 Portion:

- 100 g Spinat
- 1 Apfel
- 1 Banane
- 150 ml Wasser

Nährwertangaben pro Portion:

- Kalorien: 179 kcal
- Kohlenhydrate: 40,3 g
- Fett: 0,7 g
- Eiweiß: 4,1 g

Zubereitungszeit: 10 Minuten

Zubereitung:

1. Spinat gründlich abwaschen. Apfel waschen, entkernen und in Stücke schneiden. Banane schälen.
2. Alle Zutaten in einen Standmixer geben und pürieren.
3. Den Smoothie in ein Glas füllen und servieren.

Tipp: Lassen Sie den Apfel ungeschält und entfernen Sie nur die Kerne. Da die Schale sehr vitaminreich ist, tun Sie Ihrem Körper damit etwas Gutes.

66. Spinat-Smoothie mit Minze

Zutaten für 1 Portion:

- 100 g Spinatblätter
- ½ Avocado
- 100 g Gurke
- einige Minzblätter
- Saft von zwei Orangen
- 1 EL Chiasamen
- Orangenscheibe zum Garnieren

Nährwertangaben pro Portion:

- Kalorien: 339 kcal
- Kohlenhydrate: 44,6 g
- Fett: 15,8 g
- Eiweiß: 9,9 g

Zubereitungszeit: 10 Minuten

Zubereitung:

1. Spinat gründlich abwaschen. Avocado mit einem Messer teilen und Fruchtfleisch herauslösen. Gurke waschen und schneiden. Minzblätter waschen.
2. Alle Zutaten in einen Standmixer geben und pürieren.
3. Den Smoothie in ein Glas gießen und mit einer Orangenscheibe und einigen Chiasamen garnieren.

Tipp: Chiasamen gehören zu den sogenannten „Superfoods“ und haben fünf Mal so viel Calcium wie Milch.

67. Avocado-Ananas-Spinat-Smoothie

Zutaten für 1 Portion:

- 100 g Spinat
- 100 g Ananas
- ½ Avocado
- 100 ml Wasser
- Saft einer Zitrone

Nährwertangaben pro Portion:

- Kalorien: 201 kcal
- Kohlenhydrate: 22,6 g
- Fett: 11,6 g
- Eiweiß: 4,6 g

Zubereitungszeit: 10 Minuten

Zubereitung:

1. Spinat gründlich abwaschen. Ananas schälen und schneiden, großzügig von Rand und holzigem Innenteil entfernt. Avocado mit einem Messer teilen und Fruchtfleisch herauslösen.
2. Alle Zutaten in einen Standmixer geben und pürieren.
3. Den Smoothie in ein Glas füllen und servieren.

Tipp: Zitronen sind sehr reich an Vitamin C und können deshalb als wertvolle Ergänzung in nahezu jedem Smoothie verwendet werden.

68. Spinat-Rucola-Joghurt-Smoothie

Zutaten für 1 Portion:

- 100 g Spinat
- 50 g Rucola
- 1 Apfel
- 100 g Naturjoghurt

Nährwertangaben pro Portion:

- Kalorien: 152 kcal
- Kohlenhydrate: 25,3 g
- Fett: 2,5 g
- Eiweiß: 9,4 g

Zubereitungszeit: 10 Minuten

Zubereitung:

1. Spinat und Rucola gründlich abwaschen. Apfel waschen, entkernen und in Stücke schneiden.
2. Alle Zutaten in einen Standmixer geben und pürieren.
3. Den Smoothie in ein Glas gießen und mit einer Apfelspalte garnieren.

Tipp: Rucola ist sehr reich an Antioxidantien und Mineralstoffen, wie Eisen und Zink.

69. Spinat-Erdbeer-Smoothie

Zutaten für 1 Portion:

- 100 g Spinat
- 50 g Erdbeeren
- 1 Kiwi
- 200 ml Mandelmilch

Nährwertangaben pro Portion:

- Kalorien: 156 kcal
- Kohlenhydrate: 26,8 g
- Fett: 3,4 g
- Eiweiß: 5,1 g

Zubereitungszeit: 10 Minuten

Zubereitung:

1. Spinat gründlich abwaschen. Erdbeeren waschen und die Kelche abschneiden. Kiwi schälen und klein schneiden.
2. Alle Zutaten in einen Standmixer geben und pürieren.
3. Den Smoothie in ein Glas füllen und servieren.

Tipp: Falls Ihnen Mandelmilch nicht schmeckt, können Sie sie auch durch eine andere Milch ihrer Wahl ersetzen.

70. Spinat-Ingwer-Smoothie mit Minze

Zutaten für 1 Portion:

- 150 g Spinat
- 1 Banane
- 100 g Naturjoghurt
- einige Minzblätter
- ein kleines Stück Ingwer

Nährwertangaben pro Portion:

- Kalorien: 188 kcal
- Kohlenhydrate: 33,8 g
- Fett: 2,4 g
- Eiweiß: 10,2 g

Zubereitungszeit: 10 Minuten

Zubereitung:

1. Spinat und Minzblätter gründlich abwaschen. Die Banane und den Ingwer schälen.
2. Alle Zutaten in einen Standmixer geben und pürieren.
3. Den Smoothie in ein Glas füllen und servieren.

Tipp: Falls Ihnen der Smoothie zu dickflüssig sein sollte, können Sie auch noch etwas Wasser hinzufügen.

71. Spinat-Kiwi-Gurken-Smoothie

Zutaten für 1 Portion:

- 100 g Spinat
- 100 g Gurke
- 2 Kiwis
- 100 ml Milch

Nährwertangaben pro Portion:

- Kalorien: 148 kcal
- Kohlenhydrate: 26,4 g
- Fett: 1,4 g
- Eiweiß: 7,9 g

Zubereitungszeit: 10 Minuten

Zubereitung:

1. Spinat gründlich abwaschen. Gurke waschen und schneiden. Kiwis schälen und klein schneiden.
2. Alle Zutaten in einen Standmixer geben und pürieren.
3. Den Smoothie in ein Glas füllen und servieren.

Tipp: Da Gurken zum Großteil aus Wasser bestehen, können Sie anstelle der Milch auch 100 g Gurke mehr verwenden.

72. Spinat-Sauerampfer-Smoothie

Zutaten für 1 Portion:

- 100 g Spinat
- 1 Banane
- Saft einer Limette
- eine Handvoll Sauerampfer
- 100 g Naturjoghurt

Nährwertangaben pro Portion:

- Kalorien: 198 kcal
- Kohlenhydrate: 34,2 g
- Fett: 2,6 g
- Eiweiß: 11,2 g

Zubereitungszeit: 5 Minuten

Zubereitung:

1. Spinat und Sauerampfer gründlich abwaschen. Banane schälen.
2. Alle Zutaten in einen Standmixer geben und pürieren.
3. Den Smoothie in ein Glas füllen und servieren.

Tipp: Sauerampfer ist reich an vielen Vitaminen wie Vitamin A oder C.

73. Spinat-Trauben-Smoothie

Zutaten für 1 Portion:

- 100 g Spinat
- 100 g grüne Weintrauben (kernlos)
- 100 g Sojajoghurt

Nährwertangaben pro Portion:

- Kalorien: 148 kcal
- Kohlenhydrate: 24,1 g
- Fett: 3,2 g
- Eiweiß: 7,4 g

Zubereitungszeit: 5 Minuten

Zubereitung:

1. Spinat und Weintrauben gründlich abwaschen.
2. Alle Zutaten in einen Standmixer geben und pürieren.
3. Den Smoothie in ein Glas füllen und servieren.

Tipp: Für eine leichte Schärfe im Smoothie können Sie noch etwas Ingwer hinzugeben.

74. Spinat-Kokos-Smoothie

Zutaten für 1 Portion:

- 100 g Spinat
- 1 Banane
- 1 Kiwi
- 100 g Kokosjoghurt

Nährwertangaben pro Portion:

- Kalorien: 219 kcal
- Kohlenhydrate: 42,9 g
- Fett: 5 g
- Eiweiß: 6,2 g

Zubereitungszeit: 10 Minuten

Zubereitung:

1. Spinat gründlich abwaschen. Banane schälen. Kiwi schälen und klein schneiden.
2. Alle Zutaten in einen Standmixer geben und pürieren.
3. Den Smoothie in ein Glas füllen und servieren.

Tipp: Ist Ihnen dieser Smoothie zu dickflüssig, können Sie noch etwas Kokosmilch hinzufügen.

75. Spinat-Matcha-Smoothie

Zutaten für 1 Portion:

- 100 g Blattspinat
- 1 Banane
- 1 Apfel
- 1 TL Matchapulver
- 100 ml Cashewmilch

Nährwertangaben pro Portion:

- Kalorien: 212 kcal
- Kohlenhydrate: 41,9 g
- Fett: 3,1 g
- Eiweiß: 4,9 g

Zubereitungszeit: 10 Minuten

Zubereitung:

1. Spinat gründlich abwaschen. Banane schälen. Apfel waschen, entkernen und in Stücke schneiden.
2. Alle Zutaten in einen Standmixer geben und pürieren.
3. Den Smoothie in ein Glas füllen und servieren.

Tipp: Das Matchapulver ist reich an Koffein. Daher eignet sich dieser Smoothie gut zum morgendlichen Verzehr, um einen optimalen Start in den Tag zu haben.

Grüne Smoothies mit Superfoods

76. Spirulina-Spinat-Smoothie

Zutaten für 1 Portion:

- 100 g Spinat
- 1 Banane
- ¼ Avocado
- 50 g Gurke
- 1 EL Leinsamen
- 300 ml Mandelmilch
- 3 Datteln
- ½ TL Spirulina

Nährwertangaben pro Portion:

- Kalorien: 505 kcal
- Kohlenhydrate: 74 g
- Fett: 21,4 g
- Eiweiß: 13 g

Zubereitungszeit: 10 Minuten

Zubereitung:

1. Spinat gründlich abwaschen. Banane schälen. Avocado mit einem Messer teilen und Fruchtfleisch herauslösen. Gurke waschen und schneiden.
2. Alle Zutaten in einen Standmixer geben und pürieren.
3. Den Smoothie in ein Glas füllen und servieren.

Tipp: Falls Sie es weniger süß möchten, können Sie die Menge der Datteln reduzieren.

77. Avocado-Spirulina-Smoothie

Zutaten für 1 Portion:

- 100 g Rucola
- 50 g gefrorene Ananas
- ½ Avocado
- ½ TL Spirulina
- 250 ml Wasser
- Saft einer halben Zitrone

Nährwertangaben pro Portion:

- Kalorien: 174 kcal
- Kohlenhydrate: 14 g
- Fett: 11,8 g
- Eiweiß: 4,5 g

Zubereitungszeit: 5 Minuten

Zubereitung:

1. Rucola gründlich abwaschen. Avocado mit einem Messer teilen und Fruchtfleisch herauslösen.
2. Alle Zutaten in einen Standmixer geben und pürieren.
3. Den Smoothie in ein Glas füllen und servieren.

Tipp: Sie können auch frische Ananas verwenden.

78. Kiwi-Trauben-Smoothie

Zutaten für 1 Portion:

- 2 Kiwis
- ½ TL Spirulina
- 1 Apfel
- 50 g Weintrauben (kernlos)
- ½ Avocado
- 100 g Feldsalat
- ein Stück Ingwer (2 cm)
- 200 ml Wasser

Nährwertangaben pro Portion:

- Kalorien: 234 kcal
- Kohlenhydrate: 29,5 g
- Fett: 11,4 g
- Eiweiß: 4,6 g

Zubereitungszeit: 15 Minuten

Zubereitung:

1. Kiwis schälen und klein schneiden. Apfel waschen, entkernen und in Stücke schneiden. Weintrauben waschen. Avocado mit einem Messer teilen und Fruchtfleisch herauslösen. Feldsalat gründlich abwaschen. Den Ingwer schälen.
2. Alle Zutaten in einen Standmixer geben und pürieren.
3. Den Smoothie in ein Glas füllen und servieren.

Tipp: Sie können statt des Feldsalates auch Spinat verwenden.

79. Mango-Kokos-Smoothie

Zutaten für 1 Portion:

- 1 Mango
- ½ TL Spirulina
- 100 g Pflücksalat
- 280 ml Kokoswasser
- 1 EL Chiasamen
- 1 Apfel

Nährwertangaben pro Portion:

- Kalorien: 316 kcal
- Kohlenhydrate: 61,1 g
- Fett: 5,4 g
- Eiweiß: 5,9 g

Zubereitungszeit: 10 Minuten

Zubereitung:

1. Mango schälen und Fruchtfleisch vom Kern schneiden. Salat gründlich waschen. Apfel waschen, entkernen und in Stücke schneiden.
2. Alle Zutaten in einen Standmixer geben und pürieren.
3. Den Smoothie in ein Glas füllen und servieren.

Tipp: Falls Sie es etwas cremiger mögen, können Sie das Kokoswasser auch durch Kokosmilch ersetzen.

80. Apfel-Endivien-Smoothie

Zutaten für 1 Portion:

- 1 Apfel
- ½ TL Spirulina
- 50 g Endiviensalat
- 250 ml Mandelmilch
- 100 g Ananas

Nährwertangaben pro Portion:

- Kalorien: 197 kcal
- Kohlenhydrate: 36,8 g
- Fett: 3,5 g
- Eiweiß: 2,8 g

Zubereitungszeit: 10 Minuten

Zubereitung:

1. Apfel waschen, entkernen und in Stücke schneiden. Endiviensalat gründlich waschen. Ananas schälen und schneiden, großzügig von Rand und holzigem Innenteil entfernt.
2. Alle Zutaten in einen Standmixer geben und pürieren.
3. Den Smoothie in ein Glas füllen und servieren.

Tipp: Spirulina ist sehr reich an B-Vitaminen.

81. Spirulina-Kokos-Smoothie

Zutaten für 1 Portion:

- 2 Äpfel
- 200 ml Kokosmilch
- ½ TL Spirulina
- 100 g Ananas

Nährwertangaben pro Portion:

- Kalorien: 447 kcal
- Kohlenhydrate: 45 g
- Fett: 38,6 g
- Eiweiß: 3,7 g

Zubereitungszeit: 10 Minuten

Zubereitung:

1. Äpfel waschen, entkernen und in Stücke schneiden. Ananas schälen und schneiden, großzügig von Rand und holzigem Innenteil entfernt.
2. Alle Zutaten in einen Standmixer geben und pürieren.
3. Den Smoothie in ein Glas füllen und servieren.

Tipp: Sie können die Kokosmilch auch durch Kokoswasser ersetzen.

82. Avocado-Chia-Smoothie

Zutaten für 1 Portion:

- ½ Avocado
- 1 Banane
- 1 EL Chiasamen
- 200 ml Wasser
- Saft einer Zitrone

Nährwertangaben pro Portion:

- Kalorien: 264 kcal
- Kohlenhydrate: 29,8 g
- Fett: 15,3 g
- Eiweiß: 5,3 g

Zubereitungszeit: 5 Minuten

Zubereitung:

1. Avocado mit einem Messer teilen und Fruchtfleisch herauslösen. Banane schälen.
2. Alle Zutaten in einen Standmixer geben und pürieren.
3. Den Smoothie in ein Glas füllen und servieren.

Tipp: Dieser Smoothie schmeckt im Sommer besonders gut, wenn Sie die Banane vorher einfrieren.

83. Pfirsich-Chia-Smoothie

Zutaten für 1 Portion:

- 2 Pfirsiche
- 2 EL Chiasamen
- 200 ml Mandelmilch
- 1 Banane

Nährwertangaben pro Portion:

- Kalorien: 344 kcal
- Kohlenhydrate: 50,2 g
- Fett: 10,9 g
- Eiweiß: 9,4 g

Zubereitungszeit: 5 Minuten

Zubereitung:

1. Pfirsiche waschen, entkernen und in Stücke schneiden. Banane schälen.
2. Alle Zutaten in einen Standmixer geben und pürieren.
3. Den Smoothie in ein Glas füllen und servieren.

Tipp: Chiasamen haben auf eine Menge von 100 g einen Omega-3-Gehalt von 18 g, das ist zehn Mal so viel wie bei Lachs.

84. Sellerie-Chia-Smoothie

Zutaten für 1 Portion:

- 100 g Sellerie
- 100 g Gurke
- 2 Kiwis
- 2 EL Chiasamen
- 200 ml Wasser

Nährwertangaben pro Portion:

- Kalorien: 255 kcal
- Kohlenhydrate: 33,2 g
- Fett: 9,3 g
- Eiweiß: 8,9 g

Zubereitungszeit: 10 Minuten

Zubereitung:

1. Sellerie schälen und in Stücke schneiden. Gurke waschen und schneiden. Kiwis schälen und klein schneiden.
2. Alle Zutaten in einen Standmixer geben und pürieren.
3. Den Smoothie in ein Glas füllen und servieren.

Tipp: Viele Leute wissen nicht, dass die Schale der Kiwi mitgegessen werden kann. Jedoch sollten Sie sie für diesen Smoothie schälen.

85. Trauben-Gojibeeren-Smoothie

Zutaten für 1 Portion:

- 50 g Gojibeeren
- 50 g Weintrauben (kernlos)
- 2 Kiwis
- 1 Banane
- Saft von 2 Orangen

Nährwertangaben pro Portion:

- Kalorien: 527 kcal
- Kohlenhydrate: 118,1 g
- Fett: 2,3 g
- Eiweiß: 14,1 g

Zubereitungszeit: 10 Minuten

Zubereitung:

1. Weintrauben abwaschen. Kiwis schälen und klein schneiden. Banane schälen.
2. Alle Zutaten in einen Standmixer geben und pürieren.
3. Den Smoothie in ein Glas füllen und servieren.

Tipp: Rollen Sie die Orangen, bevor Sie sie pressen. Dadurch löst sich der Saft leichter vom Fruchtfleisch.

86. Avocado-Grüntee-Smoothie

Zutaten für 1 Portion:

- ½ Avocado
- ½ Papaya
- 1 Banane
- 1 EL Chiasamen
- 200 ml grüner Tee
- Saft einer halben Zitrone

Nährwertangaben pro Portion:

- Kalorien: 310 kcal
- Kohlenhydrate: 39,8 g
- Fett: 15,6 g
- Eiweiß: 5,7 g

Zubereitungszeit: 10 Minuten

Zubereitung:

1. Avocado mit einem Messer teilen und Fruchtfleisch herauslösen. Papaya durchschneiden und Fruchtfleisch ohne Kerne herauslöffeln. Banane schälen.
2. Alle Zutaten in einen Standmixer geben und pürieren.
3. Den Smoothie in ein Glas füllen und servieren.

Tipp: Da grüner Tee sehr koffeinhaltig ist, kann man den Smoothie gut am Morgen trinken, um so richtig in Schwung zu kommen.

87. Mango-Grüntee-Smoothie

Zutaten für 1 Portion:

- 1 Mango
- 100 g Feldsalat
- 1 Apfel
- 200 ml grüner Tee
- Saft einer Zitrone

Nährwertangaben pro Portion:

- Kalorien: 201 kcal
- Kohlenhydrate: 44,6 g
- Fett: 1 g
- Eiweiß: 4,4 g

Zubereitungszeit: 10 Minuten

Zubereitung:

1. Mango schälen und Fruchtfleisch vom Kern schneiden. Feldsalat gründlich abwaschen. Apfel waschen, entkernen und in Stücke schneiden.
2. Alle Zutaten in einen Standmixer geben und pürieren.
3. Den Smoothie in ein Glas füllen und servieren.

Tipp: Grüner Tee regt den Stoffwechsel an und ist daher sehr gut zum Abnehmen geeignet.

88. Blaubeer-Matcha-Smoothie

Zutaten für 1 Portion:

- 1 TL Matchapulver
- 50 g Blaubeeren
- 100 g Spinat
- 2 Kiwis
- 150 ml Wasser

Nährwertangaben pro Portion:

- Kalorien: 136 kcal
- Kohlenhydrate: 28,9 g
- Fett: 1,7 g
- Eiweiß: 4,9 g

Zubereitungszeit: 10 Minuten

Zubereitung:

1. Blaubeeren und Spinat gründlich abwaschen. Kiwis schälen und klein schneiden.
2. Alle Zutaten in einen Standmixer geben und pürieren.
3. Den Smoothie in ein Glas füllen und servieren.

Tipp: Blaubeeren sind sehr reich an Vitaminen, vor allem A, C und E.

89. Kokos-Matcha-Smoothie

Zutaten für 1 Portion:

- 1 TL Matchapulver
- 200 ml Kokosmilch
- 1 Banane
- 150 g Ananas

Nährwertangaben pro Portion:

- Kalorien: 543 kcal
- Kohlenhydrate: 46,3 g
- Fett: 38,6 g
- Eiweiß: 5,1 g

Zubereitungszeit: 10 Minuten

Zubereitung:

1. Banane schälen. Ananas schälen und schneiden, großzügig von Rand und holzigem Innenteil entfernt.
2. Alle Zutaten in einen Standmixer geben und pürieren.
3. Den Smoothie in ein Glas füllen und servieren.

Tipp: Sie können die Kokosmilch auch durch Kokoswasser ersetzen.

90. Spirulina-Kiwi-Smoothie

Zutaten für 1 Portion:

- 1 TL Spirulina
- 4 Kiwis
- 200 ml Reismilch

Nährwertangaben pro Portion:

- Kalorien: 274 kcal
- Kohlenhydrate: 63 g
- Fett: 4 g
- Eiweiß: 4,2 g

Zubereitungszeit: 10 Minuten

Zubereitung:

1. Kiwis schälen und klein schneiden.
2. Alle Zutaten in einen Standmixer geben und pürieren.
3. Den Smoothie in ein Glas füllen und servieren.

Tipp: Fügen Sie noch einen Spritzer Limettensaft hinzu, dann schmeckt der Smoothie richtig frisch.

91. Chia-Feldsalat-Smoothie

Zutaten für 1 Portion:

- 100 g Feldsalat
- 2 Pfirsiche
- 1 Banane
- 200 ml Mandelmilch
- 1 EL Chiasamen

Nährwertangaben pro Portion:

- Kalorien: 298 kcal
- Kohlenhydrate: 47,7 g
- Fett: 7,7 g
- Eiweiß: 8,8 g

Zubereitungszeit: 10 Minuten

Zubereitung:

1. Feldsalat gründlich abwaschen. Pfirsiche waschen, entkernen und in Stücke schneiden. Banane schälen.
2. Alle Zutaten in einen Standmixer geben und pürieren.
3. Den Smoothie in ein Glas füllen und servieren.

Tipp: Sie können die Mandelmilch auch durch eine andere pflanzliche Milch Ihrer Wahl ersetzen.

92. Leinsamen-Himbeer-Smoothie

Zutaten für 1 Portion:

- 1 TL Matchapulver
- 100 g Himbeeren
- 100 g Weintrauben (kernlos)
- 150 ml Wasser
- 1 EL Leinsamen

Nährwertangaben pro Portion:

- Kalorien: 204 kcal
- Kohlenhydrate: 24,3 g
- Fett: 8,5 g
- Eiweiß: 7,1 g

Zubereitungszeit: 5 Minuten

Zubereitung:

1. Himbeeren waschen und das Innere entfernen. Weintrauben abwaschen.
2. Alle Zutaten in einen Standmixer geben und pürieren.
3. Den Smoothie in ein Glas füllen und servieren.

Tipp: Sie können das Wasser auch durch Kokoswasser ersetzen.

93. Leinsamen-Spinat-Smoothie

Zutaten für 1 Portion:

- 1 EL Leinsamen
- 100 g Spinat
- 1 Apfel
- 2 Kiwis
- 100 g Naturjoghurt

Nährwertangaben pro Portion:

- Kalorien: 330 kcal
- Kohlenhydrate: 46,2 g
- Fett: 10,7 g
- Eiweiß: 14,4 g

Zubereitungszeit: 10 Minuten

Zubereitung:

1. Spinat gründlich abwaschen. Apfel waschen, entkernen und in Stücke schneiden. Kiwis schälen und klein schneiden.
2. Alle Zutaten in einen Standmixer geben und pürieren.
3. Den Smoothie in ein Glas füllen und servieren.

Tipp: Verwenden Sie für dieses Rezept am besten eine säuerliche Apfelsorte.

94. Spirulina-Dattel-Smoothie

Zutaten für 1 Portion:

- 30 g Datteln
- 1 TL Spirulina
- 100 g Erdbeeren
- 1 Pfirsich
- 200 ml Milch

Nährwertangaben pro Portion:

- Kalorien: 286 kcal
- Kohlenhydrate: 51,8 g
- Fett: 2,5 g
- Eiweiß: 22,9 g

Zubereitungszeit: 5 Minuten

Zubereitung:

1. Erdbeeren waschen und die Kelche abschneiden. Pfirsich waschen, entkernen und in Stücke schneiden.
2. Alle Zutaten in einen Standmixer geben und pürieren.
3. Den Smoothie in ein Glas füllen und servieren.

Tipp: Datteln bestehen zum Großteil aus Zucker, sind aber auch sehr eiweißreich.

95. Himbeer-Matcha-Smoothie

Zutaten für 1 Portion:

- 100 g gefrorene Himbeeren
- 1 TL Matchapulver
- ½ Avocado
- 100 g griechischer Joghurt
- 100 ml pflanzliche Milch

Nährwertangaben pro Portion:

- Kalorien: 271 kcal
- Kohlenhydrate: 22,6 g
- Fett: 12 g
- Eiweiß: 11,3 g

Zubereitungszeit: 5 Minuten

Zubereitung:

1. Avocado mit einem Messer teilen und Fruchtfleisch herauslösen.
2. Alle Zutaten in einen Standmixer geben und pürieren.
3. Den Smoothie in ein Glas füllen und servieren.

Tipp: Sie können auch frische Himbeeren verwenden.

96. Chia-Matcha-Smoothie

Zutaten für 1 Portion:

- 1 TL Matchapulver
- 1 EL Chiasamen
- 100 g Staudensellerie
- 1 Banane
- 150 ml Mandelmilch

Nährwertangaben pro Portion:

- Kalorien: 260 kcal
- Kohlenhydrate: 35,3 g
- Fett: 6,7 g
- Eiweiß: 6,2 g

Zubereitungszeit: 10 Minuten

Zubereitung:

1. Staudensellerie waschen, gründlich schälen und klein schneiden. Banane schälen.
2. Alle Zutaten in einen Standmixer geben und pürieren.
3. Den Smoothie in ein Glas füllen und servieren.

Tipp: Matcha enthält nicht nur Koffein, sondern ist auch reich an Protein und Ballaststoffen.

97. Leinsamen-Brokkoli-Smoothie

Zutaten für 1 Portion:

- 1 EL Leinsamen
- 100 g Brokkoli
- 30 g Datteln
- 1 Apfel
- 100 g Naturjoghurt

Nährwertangaben pro Portion:

- Kalorien: 309 kcal
- Kohlenhydrate: 38,7 g
- Fett: 9,8 g
- Eiweiß: 12,7 g

Zubereitungszeit: 5 Minuten

Zubereitung:

1. Brokkoli putzen und schneiden. Apfel waschen, entkernen und in Stücke schneiden.
2. Alle Zutaten in einen Standmixer geben und pürieren.
3. Den Smoothie in ein Glas füllen und servieren.

Tipp: Sie können den Naturjoghurt auch durch eine pflanzliche Milch ersetzen. Dadurch wird der Smoothie flüssiger.

98. Rucola-Chia-Smoothie

Zutaten für 1 Portion:

- 100 g Rucola
- 1 EL Chiasamen
- 2 Kiwis
- 1 Apfel
- 1 Banane
- 200 ml Mandelmilch

Nährwertangaben pro Portion:

- Kalorien: 378 kcal
- Kohlenhydrate: 69,6 g
- Fett: 8,6 g
- Eiweiß: 9,8 g

Zubereitungszeit: 10 Minuten

Zubereitung:

1. Rucola gründlich abwaschen. Kiwis schälen und klein schneiden. Apfel waschen, entkernen und in Stücke schneiden. Banane schälen.
2. Alle Zutaten in einen Standmixer geben und pürieren.
3. Den Smoothie in ein Glas füllen und servieren.

Tipp: Noch frischer schmeckt der Smoothie, wenn Sie etwas Zitronensaft hinzufügen.

99. Sellerie-Leinsamen-Smoothie

Zutaten für 1 Portion:

- 100 g Staudensellerie
- 1 Banane
- 1 Pfirsich
- 100 g Weintrauben (kernlos)
- 200 ml Wasser
- 1 EL Leinsamen

Nährwertangaben pro Portion:

- Kalorien: 215 kcal
- Kohlenhydrate: 50,9 g
- Fett: 1,2 g
- Eiweiß: 3,7 g

Zubereitungszeit: 15 Minuten

Zubereitung:

1. Staudensellerie waschen, gründlich schälen und klein schneiden. Banane schälen. Pfirsiche waschen, entkernen und in Stücke schneiden. Weintrauben abwaschen.
2. Alle Zutaten in einen Standmixer geben und pürieren.
3. Den Smoothie in ein Glas füllen und servieren.

Tipp: Pfirsiche sind reich an Mineralstoffen, wie Calcium, Eisen, Magnesium und Kalium.

100. Chia-Kiwi-Smoothie

Zutaten für 1 Portion:

- 1 EL Chiasamen
- 2 Kiwis
- 100 g Weintrauben (kernlos)
- ¼ Avocado
- 200 ml Cashewmilch

Nährwertangaben pro Portion:

- Kalorien: 338 kcal
- Kohlenhydrate: 46 g
- Fett: 15,7 g
- Eiweiß: 7,6 g

Zubereitungszeit: 10 Minuten

Zubereitung:

1. Kiwis schälen und klein schneiden. Weintrauben abwaschen. Avocado mit einem Messer teilen und Fruchtfleisch herauslösen.
2. Alle Zutaten in einen Standmixer geben und pürieren.
3. Den Smoothie in ein Glas füllen und servieren.

Tipp: Sie können die Cashewmilch auch durch eine andere pflanzliche Milch ersetzen.

Smoothies mit Gurke

101. Apfel-Minz-Smoothie

Zutaten für 1 Portion:

- 100 g Gurke
- einige Minzzweige
- 1 Apfel
- 2 Kiwis
- 200 ml Mandelmilch
- 1 Banane
- Saft einer halben Zitrone

Nährwertangaben pro Portion:

- Kalorien: 300 kcal
- Kohlenhydrate: 68,6 g
- Fett: 4,2 g
- Eiweiß: 5,1 g

Zubereitungszeit: 15 Minuten

Zubereitung:

1. Gurke waschen und schneiden. Minzblätter waschen. Apfel waschen, entkernen und in Stücke schneiden. Kiwis schälen und klein schneiden. Banane schälen.
2. Alle Zutaten in einen Standmixer geben und pürieren.
3. Den Smoothie in ein Glas füllen und servieren.

Tipp: Sie können die Mandelmilch auch durch eine andere pflanzliche Milch ersetzen.

102. Kiwi-Gurken-Smoothie

Zutaten für 1 Portion:

- 100 g Gurke
- 1 Banane
- 2 Kiwis
- Saft einer halben Limette
- 20 g Spinat

Nährwertangaben pro Portion:

- Kalorien: 193 kcal
- Kohlenhydrate: 47 g
- Fett: 1,3 g
- Eiweiß: 3,9 g

Zubereitungszeit: 10 Minuten

Zubereitung:

1. Gurke waschen und schneiden. Banane schälen. Kiwis schälen und klein schneiden. Spinat gründlich abwaschen.
2. Alle Zutaten in einen Standmixer geben und pürieren.
3. Den Smoothie in ein Glas füllen und servieren.

Tipp: Bananen sind leicht verdaulich und sehr reich an Vitamin B6.

103. Apfel-Birnen-Smoothie

Zutaten für 1 Portion:

- 100 g Gurke
- 1 Birne
- 1 Apfel
- Saft einer Zitrone
- 200 ml Wasser

Nährwertangaben pro Portion:

- Kalorien: 137 kcal
- Kohlenhydrate: 32,9 g
- Fett: 0,1 g
- Eiweiß: 2,1 g

Zubereitungszeit: 10 Minuten

Zubereitung:

1. Gurke waschen und schneiden. Birne und Apfel waschen, entkernen und in Stücke schneiden.
2. Alle Zutaten in einen Standmixer geben und pürieren.
3. Den Smoothie in ein Glas füllen und servieren.

Tipp: Dieser Smoothie bekommt eine besonders frische Note, wenn Sie noch etwas Minze hinzufügen.

104. Gurken-Kräuter-Smoothie

Zutaten für 1 Portion:

- 100 g Gurke
- 2 Äpfel
- 1 Banane
- einige Blätter frische Petersilie
- 150 ml Apfelsaft

Nährwertangaben pro Portion:

- Kalorien: 308 kcal
- Kohlenhydrate: 71,5 g
- Fett: 0,9 g
- Eiweiß: 2,8 g

Zubereitungszeit: 10 Minuten

Zubereitung:

1. Gurke waschen und schneiden. Äpfel waschen, entkernen und in Stücke schneiden. Banane schälen. Petersilie gründlich abwaschen.
2. Alle Zutaten in einen Standmixer geben und pürieren.
3. Den Smoothie in ein Glas füllen und servieren.

Tipp: Verwenden Sie für diesen Smoothie naturtrüben Apfelsaft.

105. Gurke-Minze-Smoothie

Zutaten für 1 Portion:

- 150 g Gurke
- 125 ml Kokoswasser
- Saft einer Zitrone
- einige Minzblätter
- 2 Kiwis
- 1 TL Honig

Nährwertangaben pro Portion:

- Kalorien: 170 kcal
- Kohlenhydrate: 41,6 g
- Fett: 1,3 g
- Eiweiß: 3,2 g

Zubereitungszeit: 10 Minuten

Zubereitung:

1. Gurke waschen und schneiden. Minzblätter waschen. Kiwis schälen und klein schneiden.
2. Alle Zutaten in einen Standmixer geben und pürieren.
3. Den Smoothie in ein Glas füllen und servieren.

Tipp: Sie können den Honig auch durch Agavendicksaft ersetzen.

106. Gurken-Sellerie-Smoothie

Zutaten für 1 Portion:

- 100 g Gurke
- 100 g Sellerie
- 1 Apfel
- 300 ml Mandelmilch
- etwas Ingwer

Nährwertangaben pro Portion:

- Kalorien: 269 kcal
- Kohlenhydrate: 44,3 g
- Fett: 7,5 g
- Eiweiß: 5,3 g

Zubereitungszeit: 10 Minuten

Zubereitung:

1. Gurke waschen und schneiden. Sellerie schälen und in Stücke schneiden. Apfel waschen, entkernen und in Stücke schneiden. Den Ingwer schälen.
2. Alle Zutaten in einen Standmixer geben und pürieren.
3. Den Smoothie in ein Glas füllen und servieren.

Tipp: Wenn Ihnen der Smoothie zu dünnflüssig ist, können Sie noch etwas griechischen Joghurt hinzugeben.

107. Gurken-Erbsen-Smoothie

Zutaten für 1 Portion:

- 100 g Gurke
- 100 g Erbsen (tiefgekühlt)
- 300 ml Buttermilch

Nährwertangaben pro Portion:

- Kalorien: 213 kcal
- Kohlenhydrate: 28,2 g
- Fett: 3,4 g
- Eiweiß: 13,9 g

Zubereitungszeit: 5 Minuten

Zubereitung:

1. Gurke waschen und schneiden.
2. Alle Zutaten in einen Standmixer geben und pürieren.
3. Den Smoothie in ein Glas füllen und servieren.

Tipp: Sie können anstelle der Buttermilch auch eine andere, pflanzliche Milch verwenden.

108. Gurken-Dattel-Smoothie

Zutaten für 1 Portion:

- 100 g Gurke
- 20 g Datteln
- einige Minz-Zweige
- 200 ml Sojamilch
- 100 g Staudensellerie

Nährwertangaben pro Portion:

- Kalorien: 229 kcal
- Kohlenhydrate: 37,2 g
- Fett: 4,6 g
- Eiweiß: 9,3 g

Zubereitungszeit: 10 Minuten

Zubereitung:

1. Gurke waschen und schneiden. Minzblätter waschen. Staudensellerie waschen, gründlich schälen und klein schneiden.
2. Alle Zutaten in einen Standmixer geben und pürieren.
3. Den Smoothie in ein Glas füllen und servieren.

Tipp: Der Duft von Minze stärkt das Gehirn und fördert klares Denken. Sie hat allgemein eine beruhigende Wirkung.

109. Gurken-Orangen-Smoothie

Zutaten für 1 Portion:

- 200 g Gurke
- 1 Apfel
- Saft einer Orange
- 50 g Naturjoghurt

Nährwertangaben pro Portion:

- Kalorien: 188 kcal
- Kohlenhydrate: 40 g
- Fett: 1,1 g
- Eiweiß: 5,6 g

Zubereitungszeit: 5 Minuten

Zubereitung:

1. Gurke waschen und schneiden. Apfel waschen, entkernen und in Stücke schneiden.
2. Alle Zutaten in einen Standmixer geben und pürieren.
3. Den Smoothie in ein Glas füllen und servieren.

Tipp: Der Smoothie wird noch sättigender, wenn Sie einen Esslöffel Chiasamen hinzufügen.

110. Avocado-Gurken-Smoothie

Zutaten für 1 Portion:

- 200 g Gurke
- ½ Avocado
- Saft einer halben Zitrone
- etwas frische Minze
- 200 g Naturjoghurt

Nährwertangaben pro Portion:

- Kalorien: 274 kcal
- Kohlenhydrate: 26 g
- Fett: 14,2 g
- Eiweiß: 13,3 g

Zubereitungszeit: 10 Minuten

Zubereitung:

1. Gurke waschen und schneiden. Avocado mit einem Messer teilen und Fruchtfleisch herauslösen. Minzblätter waschen.
2. Alle Zutaten in einen Standmixer geben und pürieren.
3. Den Smoothie in ein Glas füllen und servieren.

Tipp: Für einen etwas milderen Geschmack können Sie statt Zitronensaft auch Orangensaft verwenden.

111. Gurken-Melonen-Smoothie

Zutaten für 1 Portion:

- 50 g Gurke
- 200 g Honigmelone
- Saft einer Limette
- einige Blätter Minze

Nährwertangaben pro Portion:

- Kalorien: 80 kcal
- Kohlenhydrate: 19,8 g
- Fett: 0,3 g
- Eiweiß: 1,4 g

Zubereitungszeit: 10 Minuten

Zubereitung:

1. Gurke waschen und schneiden. Melone schälen und klein schneiden. Minzblätter waschen.
2. Alle Zutaten in einen Standmixer geben und pürieren.
3. Den Smoothie in ein Glas füllen und servieren.

Tipp: Fügen Sie noch etwas Wasser hinzu, falls der Smoothie zu dickflüssig sein sollte.

112. Gurken-Limetten-Smoothie

Zutaten für 1 Portion:

- 100 g Gurke
- Saft einer Limette
- einige Minzblätter
- 1 Apfel
- 250 ml Wasser

Nährwertangaben pro Portion:

- Kalorien: 80 kcal
- Kohlenhydrate: 17,9 g
- Fett: 0,1 g
- Eiweiß: 1,1 g

Zubereitungszeit: 10 Minuten

Zubereitung:

1. Gurke waschen und schneiden. Minzblätter waschen. Apfel waschen, entkernen und in Stücke schneiden.
2. Alle Zutaten in einen Standmixer geben und pürieren.
3. Den Smoothie in ein Glas füllen und servieren.

Tipp: Verwenden Sie für diesen Smoothie am besten eine säuerliche Apfelsorte.

113. Kokos-Gurken-Smoothie

Zutaten für 1 Portion:

- 100 g Gurke
- 1 Apfel
- 1 Banane
- 150 ml Kokoswasser
- ¼ Avocado

Nährwertangaben pro Portion:

- Kalorien: 259 kcal
- Kohlenhydrate: 51,1 g
- Fett: 6,1 g
- Eiweiß: 3,1 g

Zubereitungszeit: 10 Minuten

Zubereitung:

1. Gurke waschen und schneiden. Apfel waschen, entkernen und in Stücke schneiden. Banane schälen. Avocado mit einem Messer teilen und Fruchtfleisch herauslösen.
2. Alle Zutaten in einen Standmixer geben und pürieren.
3. Den Smoothie in ein Glas füllen und servieren.

Tipp: Der Smoothie schmeckt etwas frischer, wenn Sie einen Spritzer Zitronensaft hinzufügen.

114. Gurken-Birnen-Smoothie

Zutaten für 1 Portion:

- 100 g Gurke
- 1 Birne
- 1 Apfel
- 50 g Grünkohl
- ein kleines Stück Ingwer
- Saft von 2 Orangen

Nährwertangaben pro Portion:

- Kalorien: 279 kcal
- Kohlenhydrate: 65 g
- Fett: 0,9 g
- Eiweiß: 6,7 g

Zubereitungszeit: 15 Minuten

Zubereitung:

1. Gurke waschen und schneiden. Birne und Apfel waschen, entkernen und in Stücke schneiden. Grünkohl gründlich waschen. Den Ingwer schälen.
2. Alle Zutaten in einen Standmixer geben und pürieren.
3. Den Smoothie in ein Glas füllen und servieren.

Tipp: Grünkohl ist äußerst gesund. Er ist unter anderem sehr reich an Eiweiß, Vitamin A und E.

115. Gurken-Blattsalat-Smoothie

Zutaten für 1 Portion:

- 100 g Gurke
- 100 g Blattsalat
- 1 Apfel
- 2 Kiwis

Nährwertangaben pro Portion:

- Kalorien: 190 kcal
- Kohlenhydrate: 42,9 g
- Fett: 1,4 g
- Eiweiß: 4,9 g

Zubereitungszeit: 10 Minuten

Zubereitung:

1. Gurke waschen und schneiden. Salat gründlich waschen. Apfel waschen, entkernen und in Stücke schneiden. Kiwis schälen und klein schneiden.
2. Alle Zutaten in einen Standmixer geben und pürieren.
3. Den Smoothie in ein Glas füllen und servieren.

Tipp: Für etwas Schärfe können Sie noch ein etwa daumengroßes Stück Ingwer hinzufügen.

116. Gurken-Ananas-Smoothie

Zutaten für 1 Portion:

- 100 g Gurke
- 200 g Ananas
- 200 ml Sojamilch
- einige Minzblätter

Nährwertangaben pro Portion:

- Kalorien: 245 kcal
- Kohlenhydrate: 41,8 g
- Fett: 4,7 g
- Eiweiß: 8,9 g

Zubereitungszeit: 10 Minuten

Zubereitung:

1. Gurke waschen und schneiden. Ananas schälen und schneiden, großzügig von Rand und holzigem Innenteil entfernt. Minzblätter waschen.
2. Alle Zutaten in einen Standmixer geben und pürieren.
3. Den Smoothie in ein Glas füllen und servieren.

Tipp: Sojamilch ist eine gute Alternative zu Kuhmilch, wenn Sie auf Laktose verzichten wollen.

117. Gurken-Mango-Smoothie

Zutaten für 1 Portion:

- 150 g Gurke
- 200 g Mango
- Saft von 2 Orangen

Nährwertangaben pro Portion:

- Kalorien: 226 kcal
- Kohlenhydrate: 56,2 g
- Fett: 0,4 g
- Eiweiß: 2,8 g

Zubereitungszeit: 10 Minuten

Zubereitung:

1. Gurke waschen und schneiden. Mango schälen und Fruchtfleisch vom Kern schneiden.
2. Alle Zutaten in einen Standmixer geben und pürieren.
3. Den Smoothie in ein Glas füllen und servieren.

Tipp: Sie können den Orangensaft auch durch Grapefruitsaft ersetzen.

118. Gurken-Trauben-Smoothie

Zutaten für 1 Portion:

- 150 g Gurke
- 100 g Weintrauben (kernlos)
- einige Blätter Minze
- 100 g Naturjoghurt
- Saft einer halben Zitrone

Nährwertangaben pro Portion:

- Kalorien: 152 kcal
- Kohlenhydrate: 28,6 g
- Fett: 2 g
- Eiweiß: 6,9 g

Zubereitungszeit: 10 Minuten

Zubereitung:

1. Gurke waschen und schneiden. Weintrauben und Minzblätter abwaschen.
2. Alle Zutaten in einen Standmixer geben und pürieren.
3. Den Smoothie in ein Glas füllen und servieren.

Tipp: Sie können den Naturjoghurt auch durch griechischen Joghurt ersetzen.

119. Gurken-Himbeer-Smoothie

Zutaten für 1 Portion:

- 100 g Gurke
- 200 g Himbeeren
- ½ Avocado
- einige Minzblätter
- 200 ml Wasser

Nährwertangaben pro Portion:

- Kalorien: 203 kcal
- Kohlenhydrate: 19,6 g
- Fett: 11,7 g
- Eiweiß: 4,8 g

Zubereitungszeit: 10 Minuten

Zubereitung:

1. Gurke waschen und schneiden. Himbeeren waschen und das Innere entfernen. Avocado mit einem Messer teilen und Fruchtfleisch herauslösen. Minzblätter waschen.
2. Alle Zutaten in einen Standmixer geben und pürieren.
3. Den Smoothie in ein Glas füllen und servieren.

Tipp: Damit der Smoothie süßer wird, können Sie noch einige Datteln hinzufügen.

120. Gurken-Grapefruit-Smoothie

Zutaten für 1 Portion:

- 100 g Gurke
- 1 Grapefruit
- 100 g Sellerie
- 200 g Naturjoghurt

Nährwertangaben pro Portion:

- Kalorien: 155 kcal
- Kohlenhydrate: 26,1 g
- Fett: 1,9 g
- Eiweiß: 7,6 g

Zubereitungszeit: 10 Minuten

Zubereitung:

1. Gurke waschen und schneiden. Grapefruit schälen und Stücke abtrennen. Sellerie schälen und in Stücke schneiden.
2. Alle Zutaten in einen Standmixer geben und pürieren.
3. Den Smoothie in ein Glas füllen und servieren.

Tipp: Grapefruits sind sehr reich an B-Vitaminen, Kalium und Calcium.

121. Gurken-Dill-Smoothie

Zutaten für 1 Portion:

- 100 g Gurke
- einige Zweige Dill
- 200 ml Buttermilch
- 100 g griechischer Joghurt

Nährwertangaben pro Portion:

- Kalorien: 146 kcal
- Kohlenhydrate: 16,5 g
- Fett: 1,3 g
- Eiweiß: 12,5 g

Zubereitungszeit: 5 Minuten

Zubereitung:

1. Gurke waschen und schneiden. Dill gründlich waschen.
2. Alle Zutaten in einen Standmixer geben und pürieren.
3. Den Smoothie in ein Glas füllen und servieren.

Tipp: Da dieser Smoothie einen sehr milden Geschmack hat, aber eher herzhaft ist, können Sie ihn noch etwas mit Salz und Pfeffer würzen.

122. Gurken-Apfel-Ananas-Smoothie

Zutaten für 1 Portion:

- 100 g Gurke
- 1 Apfel
- 100 g Ananas
- 200 ml Mandelmilch

Nährwertangaben pro Portion:

- Kalorien: 205 kcal
- Kohlenhydrate: 40,7 g
- Fett: 3 g
- Eiweiß: 3,3 g

Zubereitungszeit: 10 Minuten

Zubereitung:

1. Gurke waschen und schneiden. Apfel waschen, entkernen und in Stücke schneiden. Ananas schälen und schneiden, großzügig von Rand und holzigem Innenteil entfernt.
2. Alle Zutaten in einen Standmixer geben und pürieren.
3. Den Smoothie in ein Glas füllen und servieren.

Tipp: Wenn Sie den Smoothie weniger cremig haben möchten, können Sie die Milch durch Wasser ersetzen.

123. Gurken-Basilikum-Smoothie

Zutaten für 1 Portion:

- 100 g Gurke
- einige Blätter Basilikum
- 1 Banane
- 2 Kiwis
- Saft einer halben Zitrone

Nährwertangaben pro Portion:

- Kalorien: 277 kcal
- Kohlenhydrate: 54,2 g
- Fett: 5,2 g
- Eiweiß: 7,4 g

Zubereitungszeit: 10 Minuten

Zubereitung:

1. Gurke waschen und schneiden. Basilikum abwaschen. Banane schälen. Kiwis schälen und klein schneiden.
2. Alle Zutaten in einen Standmixer geben und pürieren.
3. Den Smoothie in ein Glas füllen und servieren.

Tipp: Fügen Sie diesem Smoothie gern noch eine Prise Kurkuma hinzu, da dieses Gewürz den Stoffwechsel besonders gut anregt.

124. Gurken-Pfirsich-Smoothie

Zutaten für 1 Portion:

- 100 g Gurke
- 2 Pfirsiche
- einige Minzblätter
- 200 ml Hafermilch

Nährwertangaben pro Portion:

- Kalorien: 194 kcal
- Kohlenhydrate: 37 g
- Fett: 3,6 g
- Eiweiß: 4,2 g

Zubereitungszeit: 10 Minuten

Zubereitung:

1. Gurke waschen und schneiden. Pfirsiche waschen, entkernen und in Stücke schneiden. Minzblätter gründlich waschen.
2. Alle Zutaten in einen Standmixer geben und pürieren.
3. Den Smoothie in ein Glas füllen und servieren.

Tipp: Hafermilch ist eine gute pflanzliche Alternative zu Kuhmilch.

125. Gurken-Zimt-Smoothie

Zutaten für 1 Portion:

- 100 g Gurke
- ½ Avocado
- 100 g Weintrauben (kernlos)
- 1 Apfel
- 200 ml Wasser
- Zimt

Nährwertangaben pro Portion:

- Kalorien: 283 kcal
- Kohlenhydrate: 44,9 g
- Fett: 11,6 g
- Eiweiß: 4 g

Zubereitungszeit: 10 Minuten

Zubereitung:

1. Gurke waschen und schneiden. Avocado mit einem Messer teilen und Fruchtfleisch herauslösen. Weintrauben abwaschen. Apfel waschen, entkernen und in Stücke schneiden.
2. Alle Zutaten in einen Standmixer geben und pürieren.
3. Den Smoothie in ein Glas füllen und servieren.

Tipp: Zimt kann – abgesehen von den anderen positiven Eigenschaften – den Blutzuckerspiegel senken, da er eine regulierende Wirkung auf ihn hat.

Smoothies mit Grünkohl

126. Grünkohl-Birnen-Smoothie

Zutaten für 1 Portion:

- 40 g Grünkohl
- 1 Birne
- 2 Kiwis
- 1 Banane
- 150 ml Kokoswasser

Nährwertangaben pro Portion:

- Kalorien: 281 kcal
- Kohlenhydrate: 68 g
- Fett: 1,8 g
- Eiweiß: 6 g

Zubereitungszeit: 10 Minuten

Zubereitung:

1. Grünkohl gründlich waschen. Birne waschen, entkernen und in Stücke schneiden. Kiwis schälen und klein schneiden. Banane schälen.
2. Alle Zutaten in einen Standmixer geben und pürieren.
3. Den Smoothie in ein Glas füllen und servieren.

Tipp: Sie können das Kokoswasser auch durch Mandelmilch ersetzen.

127. Grünkohl-Orangen-Smoothie

Zutaten für 1 Portion:

- 100 g Grünkohl
- 1 Banane
- Saft von 2 Orangen

Nährwertangaben pro Portion:

- Kalorien: 249 kcal
- Kohlenhydrate: 56,1 g
- Fett: 1,5 g
- Eiweiß: 7,9 g

Zubereitungszeit: 5 Minuten

Zubereitung:

1. Grünkohl gründlich waschen. Banane schälen.
2. Alle Zutaten in einen Standmixer geben und pürieren.
3. Den Smoothie in ein Glas füllen und servieren.

Tipp: Dieser Smoothie schmeckt auch sehr gut, wenn Sie noch ein kleines Stück Ingwer hinzufügen.

128. Grünkohl-Cashew-Smoothie

Zutaten für 1 Portion:

- 25 g Grünkohl
- 25 g Weintrauben (kernlos)
- 1 Apfel
- 20 g Cashewkerne
- ½ TL Honig
- 100 ml Wasser

Nährwertangaben pro Portion:

- Kalorien: 224 kcal
- Kohlenhydrate: 29,5 g
- Fett: 8,7 g
- Eiweiß: 5,3 g

Zubereitungszeit: 10 Minuten

Zubereitung:

1. Grünkohl und Weintrauben gründlich waschen. Apfel waschen, entkernen und in Stücke schneiden.
2. Alle Zutaten in einen Standmixer geben und pürieren.
3. Den Smoothie in ein Glas füllen und servieren.

Tipp: Verwenden Sie für diesen Smoothie eine säuerliche Apfelsorte.

129. Grünkohl-Ananas-Smoothie

Zutaten für 1 Portion:

- 50 g Grünkohl
- Saft einer Orange
- 100 g Ananas
- 100 ml Hafermilch
- 50 g Papaya
- ½ Banane

Nährwertangaben pro Portion:

- Kalorien: 243 kcal
- Kohlenhydrate: 52,1 g
- Fett: 2,5 g
- Eiweiß: 5,3 g

Zubereitungszeit: 15 Minuten

Zubereitung:

1. Grünkohl gründlich waschen. Ananas schälen und schneiden, großzügig von Rand und holzigem Innenteil entfernt. Papaya durchschneiden und Fruchtfleisch ohne Kerne herauslöffeln. Banane schälen.
2. Alle Zutaten in einen Standmixer geben und pürieren.
3. Den Smoothie in ein Glas füllen und servieren.

Tipp: Ananas und Kokos ergänzen sich prächtig. Falls Sie keine Hafermilch mögen, können Sie sie auch durch Kokoswasser ersetzen, und der Smoothie bleibt vegan.

130. Grünkohl-Sellerie-Smoothie

Zutaten für 1 Portion:

- 50 g Grünkohl
- 1 Banane
- 30 g Sellerie
- 2 Kiwis
- Saft einer Orange

Nährwertangaben pro Portion:

- Kalorien: 265 kcal
- Kohlenhydrate: 61,4 g
- Fett: 1,8 g
- Eiweiß: 6,4 g

Zubereitungszeit: 15 Minuten

Zubereitung:

1. Grünkohl gründlich waschen. Banane schälen. Sellerie schälen und in Stücke schneiden. Kiwis schälen und klein schneiden.
2. Alle Zutaten in einen Standmixer geben und pürieren.
3. Den Smoothie in ein Glas füllen und servieren.

Tipp: Besonders frisch schmeckt dieser Smoothie, wenn Sie noch einige Zweige Minze hinzufügen.

131. Apfel-Grünkohl-Smoothie

Zutaten für 1 Portion:

- 50 g Grünkohl
- 2 Äpfel
- Saft einer Zitrone
- 1 Banane
- 200 ml Wasser

Nährwertangaben pro Portion:

- Kalorien: 238 kcal
- Kohlenhydrate: 52,7 g
- Fett: 0,8 g
- Eiweiß: 4,1 g

Zubereitungszeit: 10 Minuten

Zubereitung:

1. Grünkohl gründlich waschen. Äpfel waschen, entkernen und in Stücke schneiden. Banane schälen.
2. Alle Zutaten in einen Standmixer geben und pürieren.
3. Den Smoothie in ein Glas füllen und servieren.

Tipp: Grünkohl ist sehr reich an Folsäure, Kalium und Calcium.

132. Grünkohl-Smoothie mit Erdnussbutter

Zutaten für 1 Portion:

- 50 g Grünkohl
- 100 g Ananas
- 1 EL Erdnussbutter
- 1 TL Honig
- 1 Banane
- 100 ml Mandelmilch

Nährwertangaben pro Portion:

- Kalorien: 382 kcal
- Kohlenhydrate: 52,9 g
- Fett: 15,3 g
- Eiweiß: 10,1 g

Zubereitungszeit: 10 Minuten

Zubereitung:

1. Grünkohl gründlich waschen. Ananas schälen und schneiden, großzügig von Rand und holzigem Innenteil entfernt. Banane schälen.
2. Alle Zutaten in einen Standmixer geben und pürieren.
3. Den Smoothie in ein Glas füllen und servieren.

Tipp: Erdnussbutter ist eine gute pflanzliche Eiweißquelle. Allerdings enthält sie durch den hohen Anteil an Erdnüssen und Öl sehr viel Fett.

133. Grünkohl-Kiwi-Smoothie

Zutaten für 1 Portion:

- 50 g Grünkohl
- 2 Kiwis
- 1 Apfel
- Saft einer halben Zitrone
- 150 ml Wasser

Nährwertangaben pro Portion:

- Kalorien: 174 kcal
- Kohlenhydrate: 37,6 g
- Fett: 1,5 g
- Eiweiß: 4,6 g

Zubereitungszeit: 10 Minuten

Zubereitung:

1. Grünkohl gründlich waschen. Kiwis schälen und klein schneiden. Apfel waschen, entkernen und in Stücke schneiden.
2. Alle Zutaten in einen Standmixer geben und pürieren.
3. Den Smoothie in ein Glas füllen und servieren.

Tipp: Falls Sie es etwas cremiger mögen, können Sie noch 2 Esslöffel Naturjoghurt hinzufügen.

134. Grünkohl-Leinsamen-Smoothie

Zutaten für 1 Portion:

- 50 g Grünkohl
- 2 EL Leinsamen
- 100 g Gurke
- 1 Apfel
- Saft einer halben Zitrone

Nährwertangaben pro Portion:

- Kalorien: 274 kcal
- Kohlenhydrate: 20,2 g
- Fett: 16,1 g
- Eiweiß: 11,6 g

Zubereitungszeit: 10 Minuten

Zubereitung:

1. Grünkohl gründlich waschen. Gurke waschen und schneiden. Apfel waschen, entkernen und in Stücke schneiden.
2. Alle Zutaten in einen Standmixer geben und pürieren.
3. Den Smoothie in ein Glas füllen und servieren.

Tipp: Für einen etwas milderen Geschmack können Sie den Zitronensaft auch durch Orangensaft ersetzen.

135. Grünkohl-Mango-Smoothie

Zutaten für 1 Portion:

- 50 g Grünkohl
- 1 Mango
- 1 Maracuja
- 200 ml Reismilch

Nährwertangaben pro Portion:

- Kalorien: 320 kcal
- Kohlenhydrate: 70,3 g
- Fett: 3,2 g
- Eiweiß: 4,6 g

Zubereitungszeit: 10 Minuten

Zubereitung:

1. Grünkohl gründlich waschen. Mango schälen und Fruchtfleisch vom Kern schneiden. Maracuja durchschneiden und Fruchtfleisch herauslöffeln.
2. Alle Zutaten in einen Standmixer geben und pürieren.
3. Den Smoothie in ein Glas füllen und servieren.

Tipp: Reismilch ist eine gute pflanzliche Alternative zu normaler Kuhmilch und somit vegan.

136. Grünkohl-Spinat-Smoothie

Zutaten für 1 Portion:

- 50 g Grünkohl
- 50 g Spinat
- 1 Apfel
- 1 Birne
- 200 ml Wasser
- Saft einer halben Zitrone

Nährwertangaben pro Portion:

- Kalorien: 153 kcal
- Kohlenhydrate: 32,2 g
- Fett: 0,6 g
- Eiweiß: 4,8 g

Zubereitungszeit: 10 Minuten

Zubereitung:

1. Grünkohl und Spinat gründlich waschen. Apfel und Birne waschen, entkernen und in Stücke schneiden.
2. Alle Zutaten in einen Standmixer geben und pürieren.
3. Den Smoothie in ein Glas füllen und servieren.

Tipp: In Grünkohl steckt sehr viel Kalium, in 100 g fast 500 mg.

137. Grünkohl-Mandelmus-Smoothie

Zutaten für 1 Portion:

- 50 g Grünkohl
- ½ Banane
- 1 Apfel
- 1 EL Mandelmus
- 200 ml Wasser

Nährwertangaben pro Portion:

- Kalorien: 250 kcal
- Kohlenhydrate: 27,7 g
- Fett: 11,5 g
- Eiweiß: 6,8 g

Zubereitungszeit: 10 Minuten

Zubereitung:

1. Grünkohl gründlich waschen. Banane schälen. Apfel waschen, entkernen und in Stücke schneiden.
2. Alle Zutaten in einen Standmixer geben und pürieren.
3. Den Smoothie in ein Glas füllen und servieren.

Tipp: Mandelmus hat einen hohen Anteil an Vitamin B2 und E und ist außerdem sehr eiweißreich.

138. Avocado-Grünkohl-Smoothie

Zutaten für 1 Portion:

- 30 g Grünkohl
- ½ Avocado
- ½ Banane
- 150 ml Mandelmilch

Nährwertangaben pro Portion:

- Kalorien: 216 kcal
- Kohlenhydrate: 23,2 g
- Fett: 13,4 g
- Eiweiß: 4,1 g

Zubereitungszeit: 10 Minuten

Zubereitung:

1. Grünkohl gründlich waschen. Avocado mit einem Messer teilen und Fruchtfleisch herauslösen. Banane schälen.
2. Alle Zutaten in einen Standmixer geben und pürieren.
3. Den Smoothie in ein Glas füllen und servieren.

Tipp: Falls Sie Probleme haben, Ihren täglichen Eiweißbedarf zu decken, können Sie auch noch etwas Proteinpulver hinzugeben.

139. Erdbeer-Grünkohl-Kokos-Smoothie

Zutaten für 1 Portion:

- 50 g Grünkohl
- 50 g Erdbeeren
- 25 g Walnüsse
- 50 ml Kokosmilch
- 80 ml Apfelsaft

Nährwertangaben pro Portion:

- Kalorien: 331 kcal
- Kohlenhydrate: 15,8 g
- Fett: 25,4 g
- Eiweiß: 6,4 g

Zubereitungszeit: 5 Minuten

Zubereitung:

1. Grünkohl gründlich waschen. Erdbeeren waschen und die Kelche abschneiden.
2. Alle Zutaten in einen Standmixer geben und pürieren.
3. Den Smoothie in ein Glas füllen und servieren.

Tipp: Walnüsse besitzen einen recht hohen Anteil an Vitamin E, durch das Körperzellen vor schädlichen Einflüssen geschützt werden.

140. Grünkohl-Ingwer-Smoothie

Zutaten für 1 Portion:

- 50 g Grünkohl
- 1 Birne
- 1 Banane
- ein Stück Ingwer (4 cm)
- 150 ml Apfelsaft

Nährwertangaben pro Portion:

- Kalorien: 238 kcal
- Kohlenhydrate: 55,6 g
- Fett: 1,2 g
- Eiweiß: 4,4 g

Zubereitungszeit: 10 Minuten

Zubereitung:

1. Grünkohl gründlich waschen. Birne waschen, entkernen und in Stücke schneiden. Banane schälen. Den Ingwer schälen.
2. Alle Zutaten in einen Standmixer geben und pürieren.
3. Den Smoothie in ein Glas füllen und servieren.

Tipp: Noch frischer schmeckt der Smoothie, wenn Sie einen Spritzer Zitronensaft hinzufügen.

141. Grünkohl-Pfirsich-Smoothie

Zutaten für 1 Portion:

- 50 g Grünkohl
- 2 Pfirsiche
- Saft von 2 Orangen

Nährwertangaben pro Portion:

- Kalorien: 362 kcal
- Kohlenhydrate: 62,1 g
- Fett: 8,8 g
- Eiweiß: 11,6 g

Zubereitungszeit: 5 Minuten

Zubereitung:

1. Grünkohl gründlich waschen. Pfirsiche waschen, entkernen und in Stücke schneiden.
2. Alle Zutaten in einen Standmixer geben und pürieren.
3. Den Smoothie in ein Glas füllen und servieren.

Tipp: Falls Sie es etwas cremiger mögen, können Sie auch die Hälfte des Orangensaftes durch Joghurt ersetzen.

142. Grünkohl-Chia-Smoothie

Zutaten für 1 Portion:

- 50 g Grünkohl
- 2 Kiwis
- 1 Apfel
- 2 EL Chiasamen
- 200 ml Wasser

Nährwertangaben pro Portion:

- Kalorien: 220 kcal
- Kohlenhydrate: 24,5 g
- Fett: 9,4 g
- Eiweiß: 9,5 g

Zubereitungszeit: 10 Minuten

Zubereitung:

1. Grünkohl gründlich waschen. Kiwis schälen und klein schneiden. Apfel waschen, entkernen und in Stücke schneiden.
2. Alle Zutaten in einen Standmixer geben und pürieren.
3. Den Smoothie in ein Glas füllen und servieren.

Tipp: Sie können das Wasser auch durch die gleiche Menge an pflanzlicher Milch ersetzen.

143. Grünkohl-Rucola-Smoothie

Zutaten für 1 Portion:

- 50 g Grünkohl
- 30 g Rucola
- 1 Apfel
- 1 Pfirsich
- 50 g Weintrauben (kernlos)
- 200 ml Mandelmilch

Nährwertangaben pro Portion:

- Kalorien: 285 kcal
- Kohlenhydrate: 46,6 g
- Fett: 7,2 g
- Eiweiß: 4,7 g

Zubereitungszeit: 15 Minuten

Zubereitung:

1. Grünkohl und Rucola gründlich waschen. Apfel und Pfirsich waschen, entkernen und in Stücke schneiden. Weintrauben abwaschen.
2. Alle Zutaten in einen Standmixer geben und pürieren.
3. Den Smoothie in ein Glas füllen und servieren.

Tipp: Pfirsiche sind sehr reich an Vitamin C, das die Zellen vor oxidativem Stress schützt und fitter macht.

144. Grünkohl-Smoothie mit Pomelo

Zutaten für 1 Portion:

- 50 g Grünkohl
- 1 Pomelo
- 1 Orange
- 1 Banane
- 200 ml Hafermilch

Nährwertangaben pro Portion:

- Kalorien: 341 kcal
- Kohlenhydrate: 72,5 g
- Fett: 3,9 g
- Eiweiß: 7,3 g

Zubereitungszeit: 10 Minuten

Zubereitung:

1. Grünkohl gründlich waschen. Pomelo und Orange schälen und die Stücke abtrennen. Banane schälen.
2. Alle Zutaten in einen Standmixer geben und pürieren.
3. Den Smoothie in ein Glas füllen und servieren.

Tipp: Pomelos enthalten viel Vitamin C. Die Menge beträgt etwa 41 mg auf 100 g.

145. Grünkohl-Orangen-Smoothie

Zutaten für 1 Portion:

- 60 g Grünkohl
- 1 Orange
- 2 Kiwis
- ein Stück Ingwer (4 cm)
- 100 ml Wasser

Nährwertangaben pro Portion:

- Kalorien: 206 kcal
- Kohlenhydrate: 46,3 g
- Fett: 1,1 g
- Eiweiß: 6,1 g

Zubereitungszeit: 10 Minuten

Zubereitung:

1. Grünkohl gründlich waschen. Orange schälen und die Stücke abtrennen. Kiwis schälen und klein schneiden. Den Ingwer schälen.
2. Alle Zutaten in einen Standmixer geben und pürieren.
3. Den Smoothie in ein Glas füllen und servieren.

Tipp: Sie können das Wasser auch durch eine pflanzliche Milch ersetzen.

146. Zucchini-Grünkohl-Smoothie

Zutaten für 1 Portion:

- 30 g Grünkohl
- 100 g Zucchini
- 1 Orange
- 1 Kaki
- 100 ml Wasser

Nährwertangaben pro Portion:

- Kalorien: 167 kcal
- Kohlenhydrate: 38,3 g
- Fett: 0,7 g
- Eiweiß: 4,2 g

Zubereitungszeit: 10 Minuten

Zubereitung:

1. Grünkohl gründlich waschen. Zucchini und Kaki waschen und klein schneiden. Orange schälen und die Stücke abtrennen.
2. Alle Zutaten in einen Standmixer geben und pürieren.
3. Den Smoothie in ein Glas füllen und servieren.

Tipp: Für etwas Schärfe fügen Sie noch ein wenig Ingwer hinzu.

147. Minz-Grünkohl-Smoothie

Zutaten für 1 Portion:

- 40 g Grünkohl
- einige Minzblätter
- 100 g Gurke
- 1 Orange
- 1 Möhre
- 30 g Feldsalat
- 100 ml Wasser

Nährwertangaben pro Portion:

- Kalorien: 137 kcal
- Kohlenhydrate: 30,1 g
- Fett: 0,9 g
- Eiweiß: 4,4 g

Zubereitungszeit: 15 Minuten

Zubereitung:

1. Grünkohl gründlich waschen. Minzblätter waschen. Gurke waschen und schneiden. Orange schälen und die Stücke abtrennen. Möhre schälen und klein schneiden. Feldsalat gründlich waschen
2. Alle Zutaten in einen Standmixer geben und pürieren.
3. Den Smoothie in ein Glas füllen und servieren.

Tipp: Falls Sie es etwas cremiger mögen, können Sie auch noch 50 g griechischen Joghurt hinzufügen.

148. Grünkohl-Matcha-Smoothie

Zutaten für 1 Portion:

- 50 g Grünkohl
- 1 Banane
- 100 g Ananas
- 200 ml Cashewmilch
- 1 TL Matchapulver

Nährwertangaben pro Portion:

- Kalorien: 230 kcal
- Kohlenhydrate: 40,3 g
- Fett: 5,8 g
- Eiweiß: 5,4 g

Zubereitungszeit: 10 Minuten

Zubereitung:

1. Grünkohl gründlich waschen. Banane schälen. Ananas schälen und schneiden, großzügig von Rand und holzigem Innenteil entfernt.
2. Alle Zutaten in einen Standmixer geben und pürieren.
3. Den Smoothie in ein Glas füllen und servieren.

Tipp: Für eine etwas säuerliche Komponente fügen Sie noch einen Spritzer Limettensaft hinzu.

149. Grünkohl-Sellerie-Mango-Smoothie

Zutaten für 1 Portion:

- 50 g Grünkohl
- 50 g Staudensellerie
- 2 Mangos
- 100 ml Milch

Nährwertangaben pro Portion:

- Kalorien: 294 kcal
- Kohlenhydrate: 61,3 g
- Fett: 1,3 g
- Eiweiß: 6,3 g

Zubereitungszeit: 15 Minuten

Zubereitung:

1. Grünkohl gründlich waschen. Staudensellerie waschen, gründlich schälen und klein schneiden. Mangos schälen und Fruchtfleisch vom Kern schneiden.
2. Alle Zutaten in einen Standmixer geben und pürieren.
3. Den Smoothie in ein Glas füllen und servieren.

Tipp: Sie können den Sellerie auch durch Gurke ersetzen. Beide haben einen ähnlich hohen Wasseranteil.

150. Grünkohl-Salbei-Smoothie

Zutaten für 1 Portion:

- 30 g Grünkohl
- 1 Apfel
- 100 g Gurke
- Saft einer halben Zitrone
- einige Blätter Salbei
- ein Stück Ingwer (2 cm)
- 150 ml Wasser

Nährwertangaben pro Portion:

- Kalorien: 91 kcal
- Kohlenhydrate: 18,7 g
- Fett: 0,4 g
- Eiweiß: 2,4 g

Zubereitungszeit: 15 Minuten

Zubereitung:

1. Grünkohl gründlich waschen. Apfel waschen, entkernen und in Stücke schneiden. Gurke waschen und schneiden. Salbei abwaschen. Den Ingwer schälen.
2. Alle Zutaten in einen Standmixer geben und pürieren.
3. Den Smoothie in ein Glas füllen und servieren.

Tipp: Salbei regt die Durchblutung an und ist reich an ätherischen Ölen, die beruhigend wirken.

Detox

Detox ist eine Entgiftungskur für den Körper. Wenn man viel Zucker, tierisches Eiweiß oder Alkohol zu sich nimmt, ist der Körper schnell übersäuert. Durch eine entsprechende Kur können dem Körper in relativ kurzer Zeit wieder alle wichtigen Nährstoffe zugeführt werden. Dadurch wird auch der Organismus etwas entlastet, da nur leicht bekömmliche und gut verdauliche Kost konsumiert wird. Jedoch sollte eine Detoxkur nicht länger als fünf bis sieben Tage dauern. Durch sie wird auch der Stoffwechsel wieder angeregt, was zur Folge hat, dass Sie einige Kilos verlieren werden.

Vergessen Sie nicht, sich auf die Kur vorzubereiten und nehmen Sie schon ein bis zwei Tage vor Beginn nur noch leichte Kost zu sich, wie Salate oder Suppen, damit die Umstellung zur Saftkur nicht zu schwer fällt.

Im Folgenden finden Sie drei verschiedene Pläne für Detoxkuren mit den Smoothies aus dem Rezeptteil. Sie können frei auswählen, welchen der Pläne Sie nehmen, da alle drei etwa die gleiche Menge an Nährstoffen und Vitaminen haben. Folgen Sie einfach Ihrem individuellen Geschmack. Ein einzelner Smoothie ist zwar prinzipiell schnell fertig, aber da Sie täglich fünf Stück zubereiten müssen, braucht es insgesamt einige Zeit. Also unterschätzen Sie den Aufwand nicht und treffen Sie gegebenenfalls schon am Vortag Vorbereitungen. In welcher Reihenfolge Sie die Smoothies am Tag trinken, können Sie entscheiden. Da sie sehr dickflüssig sind, machen sie lange satt, ohne dabei ein Völlegefühl zu verursachen.

1. Detox-Plan

Tag 1

Frühstück

Avocado-Apfel-Smoothie (2. Rezept)

1. Snack

Grüner Brokkoli-Smoothie (26. Rezept)

Mittagessen

Spinat-Bananen-Smoothie (51. Rezept)

2. Snack

Avocado-Spirulina-Smoothie (77. Rezept)

Abendessen

Grünkohl-Birnen-Smoothie (126. Rezept)

Gesamtumsatz/Tag

- Kalorien: 1123 kcal
- Kohlenhydrate: 203,1 g
- Fett: 29,1 g
- Eiweiß: 19,6 g

Tag 2

Frühstück

Avocolada-Smoothie (3. Rezept)

1. Snack

Brokkoli-Orangen-Smoothie (29. Rezept)

Mittagessen

Apfel-Minz-Smoothie (101. Rezept)

2. Snack

Sellerie-Leinsamen-Smoothie (99. Rezept)

Abendessen

Grünkohl-Orangen-Smoothie (127. Rezept)

Gesamtumsatz/Tag

- Kalorien: 1199 kcal
- Kohlenhydrate: 174,5 g
- Fett: 16,6 g
- Eiweiß: 29,1 g

Tag 3

Frühstück

Avocado-Mandel-Smoothie (4. Rezept)

1. Snack

Brokkoli-Rucola-Smoothie (30. Rezept)

Mittagessen

Grünkohl-Smoothie mit Erdnussbutter (132. Rezept)

2. Snack

Chia-Matcha-Smoothie (96. Rezept)

Abendessen

Grünkohl-Cashew-Smoothie (128. Rezept)

Gesamtumsatz/Tag

- Kalorien: 1304 kcal
- Kohlenhydrate: 155,2 g
- Fett: 50,2 g
- Eiweiß: 34,8 g

Tag 4

Frühstück

Avocado-Minz-Smoothie (5. Rezept)

1. Snack

Brokkoli-Erdbeer-Smoothie (31. Rezept)

Mittagessen

Grünkohl-Leinsamen-Smoothie (134. Rezept)

2. Snack

Himbeer-Matcha-Smoothie (95. Rezept)

Abendessen

Apfel-Grünkohl-Smoothie (131. Rezept)

Gesamtumsatz/Tag

- Kalorien: 1316 kcal
- Kohlenhydrate: 153,1 g
- Fett: 61,5 g
- Eiweiß: 41 g

Tag 5

Frühstück

Avocado-Gurken-Smoothie (6. Rezept)

1. Snack

Brokkoli-Smoothie mit grünem Tee (32. Rezept)

Mittagessen

Grünkohl-Spinat-Smoothie (136. Rezept)

2. Snack

Spirulina-Kiwi-Smoothie (90. Rezept)

Abendessen

Apfel-Endivien-Smoothie (80. Rezept)

Gesamtumsatz/Tag

- Kalorien: 1035 kcal
- Kohlenhydrate: 169 g
- Fett: 33,2 g
- Eiweiß: 24 g

2. Detox-Plan

Tag 1

Frühstück

Avocado-Orangen-Smoothie (7. Rezept)

1. Snack

Brokkoli-Ingwer-Smoothie (33. Rezept)

Mittagessen

Grünkohl-Pfirsich-Smoothie (141. Rezept)

2. Snack

Kokos-Matcha-Smoothie (89. Rezept)

Abendessen

Smoothie mit Avocado und Banane (8. Rezept)

Gesamtumsatz/Tag

- Kalorien: 1430 kcal
- Kohlenhydrate: 159,1 g
- Fett: 65 g
- Eiweiß: 37,7 g

Tag 2

Frühstück

Smoothie mit Avocado und Banane (8. Rezept)

1. Snack

Brokkoli-Zimt-Smoothie (34. Rezept)

Mittagessen

Grünkohl-Ananas-Smoothie (129. Rezept)

2. Snack

Blaubeer-Matcha-Smoothie (88. Rezept)

Abendessen

Avocado-Smoothie mit Kokos (12. Rezept)

Gesamtumsatz/Tag

- Kalorien: 1445 kcal
- Kohlenhydrate: 173,9 g
- Fett: 62,7 g
- Eiweiß: 41,1 g

Tag 3

<u>Frühstück</u>

Avocado-Smoothie mit Feldsalat (10. Rezept)

<u>1. Snack</u>

Brokkoli-Himbeer-Smoothie (37. Rezept)

<u>Mittagessen</u>

Gurken-Basilikum-Smoothie (123. Rezept)

<u>2. Snack</u>

Avocado-Grüntee-Smoothie (86. Rezept)

<u>Abendessen</u>

Brokkoli-Smoothie mit Mango und Rucola (43. Rezept)

<u>Gesamtumsatz/Tag</u>

- Kalorien: 1271 kcal
- Kohlenhydrate: 185,2 g
- Fett: 47,8 g
- Eiweiß: 26,8 g

Tag 4

Frühstück

Avocado-Blaubeer-Smoothie (11. Rezept)

1. Snack

Brokkoli-Brombeer-Smoothie (40. Rezept)

Mittagessen

Spirulina-Kiwi-Smoothie (90. Rezept)

2. Snack

Pfirsich-Chia-Smoothie (83. Rezept)

Abendessen

Exotischer Brokkoli-Smoothie (45. Rezept)

Gesamtumsatz/Tag

- Kalorien: 1052 kcal
- Kohlenhydrate: 179,2 g
- Fett: 26,1 g
- Eiweiß: 30,5 g

Tag 5

Frühstück

Avocado-Birnen-Smoothie (13. Rezept)

1. Snack

Brokkoli-Kurkuma-Smoothie (42. Rezept)

Mittagessen

Leinsamen-Spinat-Smoothie (93. Rezept)

2. Snack

Spirulina-Spinat-Smoothie (76. Rezept)

Abendessen

Brokkoli Smoothie mit Sellerie (44. Rezept)

Gesamtumsatz/Tag

- Kalorien: 1323 kcal
- Kohlenhydrate: 179,7 g
- Fett: 49,9 g
- Eiweiß: 45 g

3. Detox-Plan

Tag 1

Frühstück

Avocado-Brennnessel-Smoothie (16. Rezept)

1. Snack

Brokkoli-Smoothie mit Mango und Rucola (43. Rezept)

Mittagessen

Grünkohl-Mandelmus-Smoothie (137. Rezept)

2. Snack

Kiwi-Gurken-Smoothie (102. Rezept)

Abendessen

Avocado-Spirulina-Smoothie (24. Rezept)

Gesamtumsatz/Tag

- Kalorien: 1120 kcal
- Kohlenhydrate: 165,3 g
- Fett: 43,3 g
- Eiweiß: 19,6 g

Tag 2

Frühstück

Spinat-Smoothie mit Mandelmilch (53. Rezept)

1. Snack

Spinat-Apfel-Kiwi-Smoothie (62. Rezept)

Mittagessen

Erdbeer-Grünkohl-Kokos-Smoothie (139. Rezept)

2. Snack

Apfel-Birnen-Smoothie (103. Rezept)

Abendessen

Chia-Kiwi-Smoothie (100. Rezept)

Gesamtumsatz/Tag

- Kalorien: 1267 kcal
- Kohlenhydrate: 170,3 g
- Fett: 55,8 g
- Eiweiß: 32,1 g

Tag 3

Frühstück

Spinat-Smoothie mit Grapefruit (58. Rezept)

1. Snack

Spinat-Rucola-Joghurt-Smoothie (68. Rezept)

Mittagessen

Grünkohl-Chia-Smoothie (142. Rezept)

2. Snack

Gurken-Sellerie-Smoothie (106. Rezept)

Abendessen

Spinat-Smoothie mit Minze (66. Rezept)

Gesamtumsatz/Tag

- Kalorien: 1200 kcal
- Kohlenhydrate: 182,4 g
- Fett: 38,9 g
- Eiweiß: 40,9 g

Tag 4

Frühstück

Mango-Kokos-Smoothie (79. Rezept)

1. Snack

Leinsamen-Himbeer-Smoothie (92. Rezept)

Mittagessen

Grünkohl-Smoothie mit Pomelo (144. Rezept)

2. Snack

Gurken-Dattel-Smoothie (108. Rezept)

Abendessen

Avocado-Dattel-Smoothie (15. Rezept)

Gesamtumsatz/Tag

- Kalorien: 1495 kcal
- Kohlenhydrate: 232,4 g
- Fett: 45,8 g
- Eiweiß: 41,9 g

Tag 5

Frühstück

Trauben-Gojibeeren-Smoothie (85. Rezept)

1. Snack

Avocado-Grünkohl-Smoothie (138. Rezept)

Mittagessen

Gurken-Erbsen-Smoothie (107. Rezept)

2. Snack

Gurken-Melonen-Smoothie (111. Rezept)

Abendessen

Brokkoli-Zimt-Smoothie (34. Rezept)

Gesamtumsatz/Tag

- Kalorien: 1197 kcal
- Kohlenhydrate: 213,6 g
- Fett: 21,3 g
- Eiweiß: 42 g

Schlusswort

Wir hoffen Ihnen schmecken unsere 150 leckeren und vielfältigen Grüne Smoothies Rezepte und wünschen guten Appetit!

Weitere Kochbücher von den Rezepte Profis

Suchen Sie nach weiteren leckeren, gesunden Gerichten? Dann empfehlen wir Ihnen unsere anderen Kochbücher mit 150 vielfältigen Rezepten!

https://www.amazon.de/dp/1699682313
Low Carb für Berufstätige: Das Kochbuch mit 150 schnell gemachten leckeren Rezepten! Gesunde Ernährung zum Abnehmen für effektive Fettverbrennung inkl. 30 Tage Ernährungsplan + Nährwertangaben
ISBN-13: 978-1699682319

https://www.amazon.de/dp/1791690777
Smoothies zum Abnehmen: Die 150 besten und leckersten Smoothie Rezepte in einem Buch! Gesund Abnehmen, Entschlacken und Entgiften leicht gemacht, für mehr Energie im Alltag (inkl. Nährwertangaben)
ISBN-13: 978-1791690779

https://www.amazon.de/dp/179783830X

Zuckerfreie Ernährung: Zuckerfrei leben mit den 150 besten zuckerfreien Rezepten für das Kochen ohne Zucker. Zuckersucht beenden durch gesunde Ernährung - Inkl. gesunde Süßigkeiten + Nähwertangaben

ISBN-13: 978-1090155665

--

https://www.amazon.de/dp/1793817952

Low Carb Kochbuch: Die 150 besten Rezepte für eine gesunde Ernährung! Abnehmen ohne Hunger und Fett verbrennen am Bauch leicht gemacht (inkl. 30 Tage Diät Ernährungsplan + Nährwertangaben)

ISBN-13: 978-1793817952

https://www.amazon.de/dp/1090155662

Dampfgarer Kochbuch: Die 150 besten Rezepte für gesundes Dampfgaren. Schonendes Garen mit Dampf im Steamer – Leckere und gesunde Gerichte für die schnelle Küche (inkl. Nähwertangaben)

ISBN-13: 978-1090155665

https://www.amazon.de/dp/1794511075

Vegan Kochbuch: Die 150 besten veganen Rezepte für eine vegetarische und vegane Ernährung. Abnehmen und gesund leben leicht gemacht. Inkl. indisch und asiatisch kochen mit Superfood + Nährwertangaben

ISBN-13: 978-1794511071

https://www.amazon.de/dp/1686031858
Ketogene Ernährung: Das Kochbuch mit 150 leckeren Rezepten für eine effektive Keto Diät. Zuckerfrei gesund abnehmen - Optimal gegen Diabetes und Krebs inkl. 14 Tage Ernährungsplan + Nährwertangaben
ISBN-13: 978-1686031854

https://www.amazon.de/dp/173084751X
Kontaktgrill Rezepte: Das Kochbuch mit 150 Rezepten für den Kontaktgrill! Leckere vielfältige Gerichte und alles, was Sie über den Kontaktgrill wissen müssen (inkl. Nährwertangaben)
ISBN-13: 978-1730847516

https://www.amazon.de/dp/1790589444

Heißluftfritteuse Rezepte: Das Kochbuch mit 150 Rezepten für die Heißluftfritteuse. Leckere vielfältige Gerichte für den Airfryer - Gesund kochen und frittieren ohne Öl (inkl. Nährwertangaben)

ISBN-13: 978-1790589449

https://www.amazon.de/dp/1731340168

Dutch Oven Rezepte: Das Kochbuch mit 150 Rezepten für die Outdoor Küche! Ob draußen beim Camping, am Lagerfeuer oder Zuhause. Mit dem Black Pot einfach und lecker kochen (inkl. Nährwertangaben)

ISBN-13: 978-1731340160

https://www.amazon.de/dp/1070440132

Sous Vide Kochbuch: Die 150 besten Rezepte für das schonende Garen im Vakuum. Perfektes Fleisch, Steak, vegetarische und vegane Gerichte für maximalen Geschmack und gesunde Ernährung + Nährwertangaben

ISBN-13: 978-1070440132

https://www.amazon.de/dp/1702182126/

Ketogene Ernährung Vegetarisch: Vegetarisches Kochbuch mit 150 leckeren ketogenen Rezepten für eine erfolgreiche Keto Diät. Zuckerfrei gesund abnehmen inkl. 14 Tage Ernährungsplan + Nährwertangaben

ISBN-13: 978-1702182126

https://www.amazon.de/dp/1672169542

Plätzchen Backbuch: Kekse backen mit den 150 leckersten und kreativsten Rezepten! Cookies, Biscuits, Weihnachtskekse, Shortbread und vieles mehr! Köstliche Süßigkeiten für jeden Anlass und Jahreszeit

ISBN-13: 978-1672169547

https://www.amazon.de/dp/1658561007

Mediterrane Küche Kochbuch: 150 Rezepte für eine leckere gesunde Ernährung mit der Mittelmeer-Diät. Von Fisch und Fleisch bis vegetarisch und vegan - Italienische Küche bis Marokko + Nährwertangaben

ISBN-13: 978-1658561006

https://www.amazon.de/dp/B0848P31T4

Muskelaufbau Kochbuch: Die 150 besten Fitness Rezepte für ein optimales Krafttraining und gesunde Ernährung. Effektives Bodybuilding & Fettverbrennung mit 30 Tage Ernährungsplan + Nährwertangaben

ISBN-13: 979-8604649688

https://www.amazon.de/dp/B0884CHYQQ

Babybrei Rezepte Kochbuch: Babynahrung selbst gemacht mit 150 nahrhaften und leckeren Rezepten für ein gesundes Aufwachsen. Das Beikost Rezeptbuch für eine vielseitige Baby Ernährung im ersten Jahr

ISBN-13: 979-8642839188

https://www.amazon.de/dp/B0884CHYQQ

Babybrei Rezepte Kochbuch: Babynahrung selbst gemacht mit 150 nahrhaften und leckeren Rezepten für ein gesundes Aufwachsen. Das Beikost Rezeptbuch für eine vielseitige Baby Ernährung im ersten Jahr

ISBN-13: 979-8642839188

https://www.amazon.de/dp/B08MVWRCC5

Cocktail Rezepte Buch: Die 150 leckersten Cocktails für jeden Anlass und Geschmack! Gin, Whiskey, Caipirinha, alkoholfrei und mehr – Perfekte Drinks ganz einfach zu Hause mixen

ISBN-13: 979-8560800949

https://www.amazon.de/dp/B08PJGB37L
Brot Backbuch: Das Buch mit den 150 besten Rezepten zum Brot backen, Brötchen, Süßes und Low Carb. Kreative Kreationen mit und ohne Hefe, Sauerteig und Brotbackautomat – Inkl. Nährwertangaben
ISBN-13: B08PJGB37L

https://www.amazon.de/dp/B08T6PBDSP
Sirtfood Diät Kochbuch: Die 150 besten und leckersten Rezepte zum einfachen Abnehmen mit Sirtfood. Gesunde Gerichte für jede Tageszeit inkl. 30 Tage Sirtuin Ernährungsplan + Nährwertangaben
ISBN-13: 979-8595691055

https://www.amazon.de/dp/B08T6VXGQ5

Schnelle Küche Kochbuch: 150 leckere schnelle Rezepte mit nur 5 Zutaten. Für Anfänger, Berufstätige und die ganze Familie für jede Tageszeit! Gesunde Ernährung leicht gemacht inkl. Nährwertangaben

ISBN-13 : 979-8596556445

Rechtliches

Impressum

Rezepte Profis wird vertreten durch:

Noma Commerce GmbH
Stresemannstraße 84
22769 Hamburg

Coverbilder:
Alexandra Anschiz, Antonina Vlasova, Natasha Breen, zarzamora, Lecic | shutterstock.com

Haftung für externe Links

Das Buch enthält Links zu externen Webseiten Dritter, auf deren Inhalt der Autor keinen Einfluss hat. Deshalb kann für die Inhalte externer Inhalte keine Gewähr übernommen werden. Für die Inhalte der verlinkten Webseiten ist der jeweilige Anbieter oder Betreiber der Webseite verantwortlich. Die verlinkten Seiten wurden zum Zeitpunkt der Verlinkung auf mögliche Rechtsverstöße überprüft. Rechtswidrige Inhalte waren zum Zeitpunkt der Verlinkung nicht erkennbar. Eine permanente inhaltliche Kontrolle der verlinkten Webseiten ist jedoch ohne konkrete Anhaltspunkte einer Rechtsverletzung nicht zumutbar. Bei Bekanntwerden von Rechtsverletzungen werden derartige Links umgehend entfernt.

Printed in Germany
by Amazon Distribution
GmbH, Leipzig

24456750R00115